アンティー・モコ

心のモヤ玉〜大掃除！

はじめに

アンティー・モコは、悩める人を元気づける物語の主人公です。

すでに仕事を引退して、いまは夫と二人でのんびりとハワイで暮らしています。

アンティーの家には、毎日のように仕事、家事、育児、介護などでちょっぴり疲れた女性たちが訪れます。

そして悩みを話し、アンティーの温かいハーブティーと言葉のレメディーで元気になって帰っていきます。

アンティーが彼女たちに伝えるハワイの知恵と自然療法を使った癒しのレシピは、毎日の生活に無理なく取り入れられる楽しくて簡単なものばかり。

本書は、そんな癒しのレシピをご紹介します。


「アンティー」とは「おばさん」のこと。ハワイでは愛情を込めて名前につけます。アンティー・モコは「モコおばさん」という意味です。

タイトルの「モヤ玉」は、心にたまったモヤモヤした気持ちの塊のこと。モヤ玉をお掃除すると、すっきりとした気持ちで毎日を過ごせるようになるでしょう。

それでは「モコおばさん」と一緒に、心のモヤ玉の大掃除をはじめましょう！

チャクラについて

チャクラは、サンスクリット語で「車輪」という意味です。文字通り車輪のように回っているエネルギーのセンターで、外界の「気」「プラーナ」「生命力」などと呼ばれる自然のエネルギーを取り入れています。主要なチャクラは、わたしたちの体の中心線上に7つあります。感情や肉体的な症状など、わたしたちが人生で経験するあらゆることに関連します。それぞれのチャクラのバランスがとれていて、7つのチャクラ全体が調和しているとき、わたしたちは心身とも健康で幸せな状態といえます。

もくじ

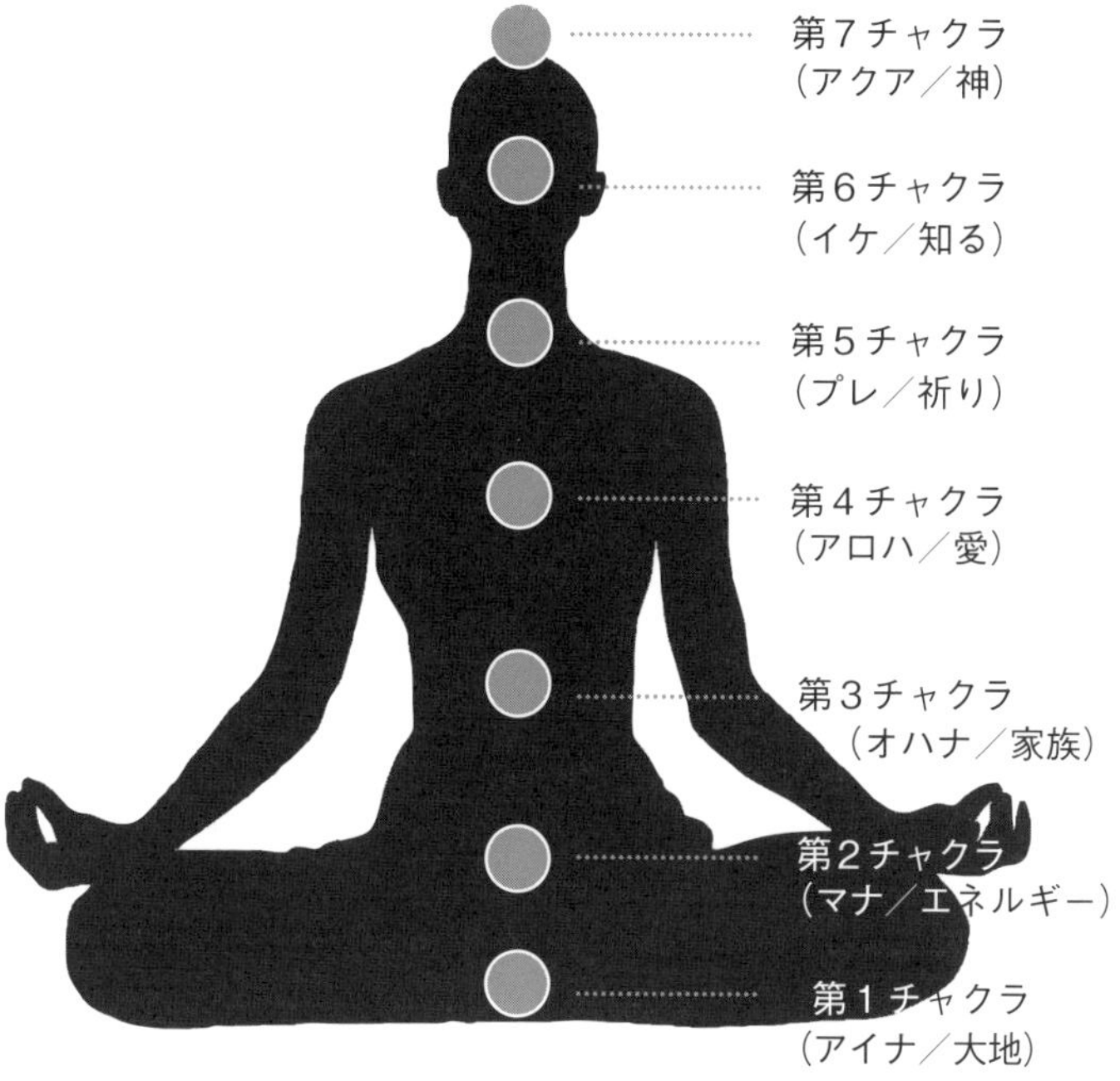

はじめに必ずお読みください。
本書の記載情報は医術や医学ではありません。またアロマ精油、ハーブ、フラワーエッセンス、ホメオパシー、天然石などは医薬品ではありません。製品についての注意事項を必ず読み正しくお使いください。妊娠中、病気の方、心身の健康状態が気になる方は必ず事前に医師や専門家にご相談ください。アロマ精油の中には皮膚に刺激のあるもの、病気に影響のあるものもありますので事前に専門家にご相談ください。本書の情報をもとにとられた行動はすべて自己責任となります。著者ならびに出版社は、本書の情報をもとにとられた行動で生じた一切の損傷、負傷、不具合、その他についての責任は負いかねます。

本書の使い方

それぞれのチャクラにはテーマがあります。各チャクラのテーマに合わせて、アンティー・モコが独自にハワイ語を当てはめました。最初に、チャクラのテーマとハワイ語の意味を読んで、今の自分と関係しているチャクラを選び、その章を読んでください。

各章は、各チャクラを表す色の文字で書かれています。読むだけでチャクラが整う効果があります。

本書では、チャクラを整えるひとつの方法としてモヤ玉お掃除方法を紹介しています。実践することで、よりチャクラのバランスが整うでしょう。

モヤ玉チェックの結果で、レベル1の方は、興味のあるお掃除方法を1つ試してみてください。レベル2の方は2つ、レベル3の方は3つ実践することをお勧めします。または1つの方法を長く続けてみるのも良いでしょう。効果は人それぞれです。合わない場合はすぐに中止してください。

そして毎日の生活の中でモヤ玉がたまったと感じたら、いつでも関連するチャクラを調べて、その章で紹介しているモヤ玉お掃除をしてください。整えているチャクラを意識しながら行いましょう。

各チャクラが関連するテーマ

第1チャクラ（アイナ／大地）
生活の安定、食べる、家族、安心、健康、自立。

第2チャクラ（マナ／エネルギー）
セクシャリティ、恋愛、創造性、個性、生きる喜び、情熱、自己表現。

第3チャクラ（オハナ／家族）
自分の力、意思、自己と他人を尊重、共同作業、仕事、人間関係、チャレンジ、ストレス。

第4チャクラ（アロハ／愛）
無条件の愛、信頼、許し、慈しみ、独占欲、自己卑下、拒絶、境界線。

第5チャクラ（プレ／祈り）
表現する、言葉、コミュニケーション、伝える、偏見。

第6チャクラ（イケ／知る）
直感、物質主義、空気を読む、先の見通し。

第7チャクラ（アクア／神）
叡智、霊性、宇宙との一体感、人生の目的、睡眠、慢性疲労。

1

‘ĀINA（大地）

第1チャクラとは？

第1チャクラ（ムーラダーラ・ベース・根のチャクラ）
場所：肛門と性器の間あたり
エネルギーの色：赤、元素：土、天体：月

それでは、ひとつずつチャクラをみていきましょう。

第1チャクラは、「ベースチャクラ」「根のチャクラ」と呼ばれるように、わたしたちが生きる上で最も基本的な部分と関わっています。

このチャクラのバランスがとれていると、「この地球上に、ただ存在するだけでOK」と感じられます。

地に足がついていて、安心と信頼感に満ちている。快食・快眠・快便。しっかり自分の体を使って生きているという実感があるんです。

第1チャクラのエネルギーの色は「赤」です。情熱、活力、戦いの色。よく欧米の政治家はここ一番というときに、赤いネクタイを締めて挑んでいますよね。還暦のお祝いにも赤い色が使われますし、おばあちゃんの原宿といわれる巣鴨で赤いパンツが売られているのも、元気や健康と結び付けられているからなんです。


あなたのまわりにこんな人いるでしょう？

生命力あふれ、力強く、大抵のことを笑い飛ばすことができる人。はっきりと物が言えて、情にも厚い。一言であらわすなら、心も体も元気な人。そんな人は第1チャクラのバランスが取れているんですね。

ひとつのことをやりぬいたり、困難を乗り越える強さにも関係しています。人生をサバイブしていくには必要なことですね。

◎ポイント
ほかのチャクラのバランスをとる前に、まずは生きる土台となる第1チャクラのバランスをとりましょう！

ハワイの知恵　ʻĀINA（アイナ）「大地」

元々ハワイには土地を所有するという概念がありませんでした。土地は誰の物でもなかったんです。

山頂から海岸までの、川を中心にした三角形の土地区画はアフプアアと呼ばれ、そこでアリイ（王）を中心とした自給自足のコミュニティーが形成されていました。

アフプアアは海の幸と山の幸に恵まれた豊かな土地でした。川から水を引いた主食のタロイモを育てる畑がたくさん連なり、まるで日本の里山のような景色が広がっていたんです。

ハワイアンはその土地で採れたものを食べ、その土地に生えている木や植物で家を建て、布を作り、生活に必要なものを全てアフプアアの中で賄っていました。

ハワイアンの考え方も、自然に則ったもので、家族内の問題が起きたときには、ホオポノポノという伝統的な方法で解決しました。それは家族全員が集まって、お互いを批判することなく自分の率直な気持ちを伝え、誰もが納得するまで話し合うという平和的なものです。

必要なものは全て自然から与えられてるという揺るぎない確信があったんですね。ハワイアンの生活は、しっかりとアイナ（大地）と結びついていました。

それは第1チャクラのバランスのとれた状態ですね。

◎ポイント

昔のハワイアンのように、不足ではなく、すでに持っている豊かさに目を向けましょう！

第1チャクラのバランスが崩れているときって？・・・モヤ玉がたまっている証拠！

第1チャクラが、どんなことに関係するのかイメージがつかめたでしょうか？
さあ、これからは、あなた自身の状態を見ていきますよ。

第1チャクラのバランスが崩れている状態は、あなたの中に、モヤモヤした気持ち・・・
つまりモヤ玉がたまっているとき。
まず、第1チャクラにモヤ玉がたまっていると、どんな気持ちになるのか知っておきましょう。

第1チャクラ　モヤ玉の特徴

・安心できない
・自信がない
・生きている実感がない
・家やお金の問題
・ポジティブになれない

では、次のページで、あなたのモヤ玉がどのぐらいたまっているのかチェックしてみましょう！

あなたのモヤ玉、チェック！

あなたの第一チャクラに、モヤ玉がどのぐらいたまっているのか調べてみましょう。
当てはまるものにチェックしてください。

第1チャクラ　モヤ玉チェック表

□ なんとなくいつも不安。何でも気になってしまう
□ いつも何かをしなければならないと思う
□ 自分に自信が持てない
□ 人が信じられない
□ いつも頑張らなくてはいけないように思う
□ どこにいても自分の居場所ではないような感じがする
□ 仕事や悩みのことで、いつも頭がいっぱい

□ よく転んだり、足を怪我したりする
□ ときどき目の前のことが現実ではないような感じがする
□ 誰かに守ってほしい
□ 自分はひとりぼっちだと感じる
□ お金のことや、将来が不安

結果
チェックの数
0〜3レベル1 ●・・・気になるモヤ玉を集中的にお掃除しましょう。
4〜8レベル2 ●●・・・定期的にモヤ玉お掃除心がけましょう。
9〜12レベル3 ●●●・・・さあ、モヤ玉を大掃除しましょう！

いくつだったら良い、悪いというものではありません。今の自分の状態を知ることが大切です！誰でもいくつか身に覚えのある項目があるものです。チェックするたびに、1つ増えた、減ったと、神経質になってはいけませんよ。

AHUPUA'A 'O KAHANA
STATE PARK

モヤ玉をお掃除すると、ピカピカのあなたが現れる！

前のページで、モヤ玉がどのぐらいたまっているのかをチェックしましたね。
さあ、これらのモヤ玉をお掃除したら、スッキリしますよね。
そう、そのスッキリした状態が、本来のあなたなんです。
お掃除したら、どんな自分になるのか知っておきましょう。

・自然と内側から力がみなぎってくる
・自分が好きだと思える
・明日を楽しみにできる
・今、ここにいるという感覚がわかる
・さあ、今日もやるぞ！　という気持ちになる
・大変なこともあるけれど、なんとかなると思える
・自分の意見が言える
・快食・快眠・快便

なんだか健康的でイイ感じですね！

本来、わたしたちは第１チャクラのバランスがとれていれば、こんなふうに感じられるものなんです。

第1チャクラ　モヤ玉お掃除レシピ　1

それでは、たまったモヤ玉をどんどんお掃除していきましょう！

面倒なことは続きませんから、暗記できるほど簡単なモヤ玉お掃除方法をご紹介します。

2 STEP アロマ

フランキンセンスの、和名は乳香。古代より宗教儀式で用いられました。イエス・キリストの誕生を祝う捧げ物の一つです。

神秘的な香りは呼吸を深め、不安をやわらげ、落ち着きをもたらします。

咳をしずめ、老化肌の改善、体を温める作用もあります。

どこでもアロマ

○用意するもの
・フランキンセンスの精油、ティッシュ1枚

○作り方
Step1　フランキンセンスの精油を1滴、ティッシュにたらす。
Step2　ティッシュを小さくたたんでハンカチの間にいれて持ち歩き、落ち着きたいときに香りをかぐ。

超簡単！　マグカップの芳香浴

熱湯をいれたマグカップに、フランキンセンス精油2滴と、プチグレン精油1滴を垂らします。

リラックス効果のある香りがお部屋に漂います。

マグカップに香りが残る場合があります。熱湯に注意してください。

第1チャクラ　モヤ玉お掃除レシピ2

第1チャクラのバランスをとるには、赤い色の野菜や果物、根菜を食べましょう。
スイーツなら小豆がお勧めです！
ここでは体を温めるトマトのスープをご紹介します。作り置きしておくと便利です。

体が温まるʻĀINAのスープ

○材料
・A：カブ　小3個、ニンジン　1/2本、ゴボウ　1本、
タマネギ　中1個・・・全部さいの目に切る。
・ニンニク　1片・・・みじん切り
・トマト水煮缶　1個
・コンソメ・オリーブオイル・塩・コショウ・ハーブ(タイム、オレガノ、
ローズマリーなど)・水・・・適量
＊好みでジャガイモ、ダイコン、豆、お肉を加えてもいいですね。量は加減して
ください。

○作り方
Step1　鍋でニンニクをオリーブオイルで炒め、香りが出てきたら、Aを加えて炒める。
Step2　トマト水煮缶、コンソメ、ハーブ、水を入れて材料が柔らかくなるまで煮てから、最後に塩・コショウで味を調える。

第1チャクラ　モヤ玉お掃除レシピ3

忙しい毎日の中で、わたしたちはどうしても頭だけで考えて過ごしてしまいがちです。時間に追われたり、同時に複数の仕事や用事をこなしたり、何人もの人と会ったりすると、どうしても「気」が上がってしまいます。

そんなときは地に足をつけて、本来の落ち着いた自分という感覚を思い出しましょう。しっかりと大地と繋がっている感覚を思い出すと、安心感を得られます。

‘ĀINAと繋がる・・・グラウンディング1

○土に触れましょう。

庭がある人は、庭の手入れをしましょう。好きな植物を植えたり、種まきをしましょう。季節の移ろいを感じ、植物の成長を観察すると新しい発見があります。

ベランダのある人は鉢やプランターに植物を植えたり、種まきをしましょう。栽培は苦手という人は、お花の鉢植えや、観葉植物を部屋に飾ってみてくださいね。

○自然の中で過ごしましょう。

公園や海や川など、身近な自然のあるところへ行き、体を動かし汗をかきましょう。また、敷物を持っていって、しばらく地面に座ってみてください。人によっては、もう何年もの間、地面に直接座ったことがない人もいるかもしれません。自然の中でひとり静かに過ごす時間は、なんと豊かなことでしょう。可能なら、裸足で地面の上に立ち、しばらく深呼吸をしてみてくださいね。

第1チャクラ　モヤ玉お掃除レシピ4

実際に大地に触れる時間がないときは、地球としっかり繫がっているイメージをしましょう。

疲れがたまったり、忙しくてバタバタしているなと感じたら、電車に乗っているときなどのちょっとした空き時間に、気軽にどこでも行ってくださいね！

「AINAと繋がる・・・グラウンディング2

①目をつむる。
②大きく深呼吸をする
③足の底から地中に根が張っていくイメージをする。

イメージしている時間は3秒でもいいし、1分でもいいですよ。

大切なのは、いろいろなことで頭の中が忙しいときに、「今、ここにいる。地球の上に立っている」という感覚を取り戻すこと。

心も体も落ち着きます。

Hawaiian Healing ハワイアン・ヒーリング

太平洋の真ん中に連なるハワイ諸島。

ハワイの島々は、海中の火山が噴火して、噴出した溶岩がどんどん堆積して陸地となったものです。

純粋に地球の中心から生まれた島、つまりハワイは地球の純粋なエネルギーそのものでできているんですね。

実際に、ハワイ島では常に溶岩が噴出していて、日々島は成長し続けています。

火山活動が活発なキラウエアのカルデラの中にあるハレマウマウ火口には、火山の女神ペレが住んでいると伝えられています。

神話では、ペレは怒ると溶岩を噴出させて全てを破壊する恐ろしい存在と伝えますが、ハワイアンはただ恐れているだけではありません。畏敬の念と親しみを込めて〝マダム・ペレ〟と呼んでいます。

たまに溶岩流が民家に流れて破壊することもあるのですが、それもペレの意思だと受け取ります。

ペレは溶岩で破壊をする一方で、大地を創造しているのです。

荒々しさと慈愛。それは自然そのものですね。

ハワイで暮らすということは、ペレの掌の上で生かされているということなんですね。

UA MAU KE EA O KA AINA I KA PONO

Ua mau ke ea o ka ‘āina i ka pono.

大地の命は正義の元に永続する・・・ハワイ州のモットー

言葉のレメディー
アンティー・モコよりみなさんへ

モヤ玉をチェックして、たくさんたまっていたからといって落ち込まないでね。

反省無用！

反省が必要なのは子どもだけです。

わたしたちはもう大人。これまでにいろいろな経験をしてきているのですから、客観的に物事を見ることができます。

モヤ玉のチェックが多くても、「あぁ、今こうなんだな」「これからは、ここを改善していけばいいんだな」と無意識のうちに、一瞬で分かっているのです。

逆に、いつまでも反省していると、反省癖が身に着いちゃいますよ。

反省しているヒマがあったら、さっさとモヤ玉のお掃除をしてスッキリしましょう！

なんでアロマテラピーが効くの？

古来より人間は植物の香りを用いて、治療や宗教的な儀式を行ってきました。

こんな経験ありませんか？
好きな香りを嗅いだら、一瞬にして心が明るくなった。
ある香りを嗅いだら、子どもの頃の記憶がよみがえった。

香りは、感情や記憶と深い関わりがあることが分かっています。

アロマテラピーは、主につぎの方法で体に働きかけます。

1嗅覚から
嗅覚が香りの分子を知覚すると、一瞬にして脳に信号が送られます。
感情や本能を司る大脳辺縁系、そして視床下部へと伝わり、自律神経・ホルモン分泌・免疫系のバランスをとります。

2肺から
鼻から吸い込まれた香りの分子は喉の気道の粘膜や肺胞から血液の中に取り込まれ、全身をめぐります。

3皮膚から
トリートメントなどによって、精油成分が皮膚に働きかけたり、皮膚から吸収されて体に働きかけます。

特に1の方法では、一瞬で脳に信号が送られるので、すぐに気分が変わるというわけです。
香りは心や体に影響しますので、合成の香りではなく、自然のものを使いたいですね。

第1チャクラお助けアイテム

アロマ
パチュリー、フランキンセンス、ベチバー、ベンゾイン、ミルラ

ハーブ
ジンジャー、ラベンダー

フード
赤い野菜・果物（トマト、赤ピーマン、リンゴ）、根菜、あずき、肉
体を温める食べ物（スープ、お鍋、発酵食品、ココア、紅茶、ウーロン茶）

天然石
ガーネット、ルビー

フラワーエッセンス
クズ（ファー・イースト・フラワーエッセンス）、イエロージンジャー（ハワイアン レインフォレスト ナチュラルズ）、レフア（ハワイアン レインフォレスト ナチュラルズ）、レスキューレメディー（バッチ・フラワーレメディー）、

ホメオパシーのレメディー
オーク、オブシディアン

●そのほか、赤いものを身につけるのもいいでしょう。
赤い服や下着をつけたり、赤い小物や赤い雑貨を近くに置くのもいいでしょう。
また、赤いリップや、赤いネイルをするのもいいですね！

2

MANA（エネルギー）

第2チャクラとは？

第2チャクラ（スヴァディスターナ・セイクラル・仙骨のチャクラ）
場所：おへその少し下あたり
エネルギーの色：オレンジ、元素：水、天体：火星

第2チャクラはおへその下、生殖器の少し上にあります。そのことからも分かるように、創造性、セクシャリティー、喜び、情熱に関係するチャクラです。

このチャクラのバランスがとれていると、「心から人生を楽しむ」ことができます。

自分の内側から湧きあがる欲する気持ち、欲しい、やってみたい、もっと楽しみたいという欲求です。他の誰でもない、あなたならではの魅力となります。

それは生きる力となって、困難なことにも果敢に立ち向かっていくモチベーションにもなるんですね。

第2チャクラのエネルギーの色は「オレンジ」。第1チャクラの赤色と近いですね。第1チャクラと同じように情熱や活力にも深く結びついています。

セクシャリティーやパートナーシップに問題があるときは、この第2チャクラのバランスをとりましょう。

たとえば女性性を否定している人、恋愛がうまくいかない人、父親が厳しくて女性であることを抑えてきた人などは、もっともっと素の自分を表に出して、人生を楽しめるようになるといいですよね！

そして誰もが気になると思うのですが、お金にも関わってきます。人生の喜びや楽しみ、つまり恋愛や豊かさに問題があるときには、第1チャクラと第2チャクラを整えましょう。

◎ポイント
自分の魅力をアピールして、人生の喜びを手に入れましょう！

ハワイの知恵　MANA（マナ）「エネルギー」

ハワイでは、目に見えないマナという神秘の力の存在を信じていました。マナはどこにでもありますが、とりわけ特別な人間、土地、石、自然現象には多くマナが宿ると考えられました。

特に神に近いアリイ（王族）はたくさんのマナを持っていました。マナをたくさん蓄えているからカリスマ性に富み、知性と勇気を兼ね備え、さまざまな技能に長けているのです。

もちろん、わたしたち誰もがマナを持っています。毎日の生活の中で、体を動かしたり、物事を考えたり、感情のバランスをとるのにマナを使っているのです。そして望みを叶える時にも使われます。

大切なことは、まずはマナを浪費しないこと。そしてマナを集めることを心掛けましょう。

マナを浪費するとき
・ストレス、緊張、疲労したとき
・ネガティブな考えを持ったり、嫌なことをするとき
・自分の仕事や責任を放棄するとき
・神や大いなるものに感謝や祈りを怠ったとき

マナを得る方法
・深呼吸や瞑想、適度な運動
・体によい食事をとる
・ポジティブな考えを持ち、好きなことをするとき
・神や大いなるものに感謝や祈りをささげるとき

自分の思考や行動を見直しましょう。マナをたくさん蓄えて、あなたの夢を叶えましょう。

◎ポイント
幸せになるには、第一にマナを浪費しないこと。つぎにマナを蓄えること。

第2チャクラのバランスが崩れているときって？・・・モヤ玉がたまっている証拠！

第2チャクラが、どんなことに関係するのかイメージがつかめたでしょうか？
さあ、これからは、あなた自身の状態を見ていきましょう。

第2チャクラのバランスが崩れている状態は、あなたの中に、モヤモヤした気持ち・・・
つまりモヤ玉がたまっているとき。
まず、第2チャクラにモヤ玉がたまっていると、どんな気持ちになるのか知っておきましょう。

第2チャクラ　モヤ玉の特徴

・人生はつまらないと思う
・パートナーとの関係にいつも問題がある
・婦人科系の不調
・いつもお金に困っている
・何かに挑戦することは面倒だ

では、次のページで、あなたのモヤ玉がどのぐらいたまっているのかチェックしてみましょう！

あなたのモヤ玉、チェック！

あなたの第2チャクラに、モヤ玉がどのぐらいたまっているのか調べてみましょう。当てはまるものにチェックしてください。

第2チャクラ　モヤ玉チェック表

- □ 本当に自分が何をやりたいのか分からない
- □ パートナーシップでいつも同じような失敗を繰り返す
- □ 人生は楽しくない
- □ 贅沢はいけないことだと思う
- □ 女らしいことに抵抗がある、またはかつてそうだった
- □ 恋愛でひどく傷ついたことがある
- □ 好き、欲しい、何かをしたいなど自己主張ができない
- □ 我慢癖や、あきらめ癖がついている
- □ もっと魅力的な自分になりたいけど、無理だと思う
- □ いつもお金の問題で悩んでいる

□ 生理痛や更年期など、婦人科系の問題で悩んでいる

□ イライラしたり、落ち込んだり、感情が大きく揺れる

結果

チェックの数

0〜3レベル1 ●・・・気になるモヤ玉を集中的にお掃除しましょう。

4〜8レベル2 ●●・・・定期的にモヤ玉お掃除心がけましょう。

9〜12レベル3 ●●●・・・さあ、モヤ玉を大掃除しましょう。

いくつだったら良い、悪いというものではありません。今の自分の状態を知ることが大切です！

誰でもいくつか身に覚えのある項目があるものです。チェックするたびに、1つ増えた、減ったと、神経質になってはいけませんよ。

チェックが多ければ、今はこういう傾向があるんだな、と今の自分を客観的に知ることが大切なんです。

モヤ玉をお掃除すると、ピカピカのあなたが現れる！

前のページで、モヤ玉がどのぐらいたまっているのかをチェックしましたね。
さあ、これらのモヤ玉をお掃除したら、どんなにスッキリするでしょう。
そう、そのスッキリした状態が、本来のあなたなんです。
お掃除したら、どんな自分になるのか知っておきましょう。

・いつも元気で楽しい
・自分は魅力的だと思う
・素直に好き、欲しいなど、自分の感情を伝えることができる
・絶対これをやりたい！　成功させたい！という情熱がわいてくる
・自分は豊かだなあと思う
・やりたいことがたくさんある

わぁ、とっても楽しそうですね！

世の中の流行や他人との比較ではなくて、本当に自分が何を望んでいるのかが分かることが、豊かさへの第一歩です。

恋愛も、仕事もゲットして、本当にやりたいことをやっていきましょう。

第2チャクラのバランスがとれていると、喜びに満ちた豊かな人生を送れるんですね。

第2チャクラ　モヤ玉お掃除レシピ1

それでは、たまったモヤ玉をどんどんお掃除していきましょう！

面倒なことは続きませんから、暗記できるほど簡単なモヤ玉お掃除方法をご紹介します。

2 STEP アロマ

第2チャクラのバランスをとる代表的な精油は、ジャスミンやローズなどの甘いお花の香りです。

これらの精油は高価なので、お風呂に入れるならイランイラン、クラリーセージ、パチュリ、ローズゼラニウムなどをお勧めします。

オレンジ、ベルガモット、ラベンダーなどの精油とのブレンドもお勧めです。

イランイランは香りが強いので使うときは1滴にしましょう。量が多いと頭痛や吐き気を催します。

アロマ・バス

○用意するもの

・ローズゼラニウムの精油

○アロマ・バスの楽しみ方

Step1　お風呂にローズゼラニウムの精油3～5滴をたらして、よくかき混ぜる。

Step2　お湯にゆっくり浸かる。

アロマ・フット・バス

足を温めると全身の血行がよくなります。身体に負担をかけずに癒されるのが特徴。

○用意するもの

両足が入るバケツや洗面器。40度ぐらいのお湯。お湯が冷めたときに適温を保つための差し湯。タオル。精油（イランイラン、ベルガモット）

○アロマ・フット・バスの楽しみ方

Step1　バケツに足首が隠れるぐらいまでお湯を入れる。

Step2　15分ぐらい足を浸ける。

＊お湯が冷めないようにバケツの上にタオルをかけます。冷めてきたら差し湯をして温度を保ってください。火傷しないように注意しましょう。

第2チャクラ　モヤ玉お掃除レシピ2

第2チャクラのバランスをとって人生を楽しみましょう。

愛のハーブティー

○用意するもの
・乾燥ローズペタル（バラの花びら）
・乾燥レモングラス
＊量は一人、合計でティースプーン一杯です。

○ハーブティーの楽しみ方
Step1　ティーポットにハーブとお湯を入れて蓋をする。
Step2　3分ほど蒸らして、茶漉しを使ってカップに注ぐ。

お勧め！ブレンドのハーブティー

○情熱のハーブティー・・・赤いお茶はあなたの情熱を引きだします。
ローズペタル　＋　ハイビスカス

○心が明るくなるハーブティー・・・イライラを抑えて、体を温めてくれます。
オレンジピール　＋　カモミール

○美と健康のハーブティー・・・活力を与え、アンチエイジング効果もあります。
ルイボス　＋　ローズヒップ

第2チャクラ　モヤ玉お掃除レシピ3

ハワイ語で呼吸のことを「HĀ（ハー）」といいます。

昔のハワイアンの挨拶は、お互いの鼻をくっつけました。お互いの息を交換したんですね。

ALOHAは、ALO＝直面する、HA＝呼吸とも言われています。

昔のハワイアンのカフナ（さまざまな特殊技術を持った専門家）は、息を使って人を癒したり、亡くなる直前に自分のマナを誰かに受け継がせたりしました。

ハワイアンにとって呼吸はとても大切なものです。

マナを増やす呼吸

①姿勢を正して腰をかける。両手は膝の上で、掌を上に向ける。

②目をつむる。

③おへその下あたりを意識して鼻から息を吸い、鼻か口から息を吐きます。吸う息よりも吐く息のほうを長くします。

＊胸ではなく、下腹部に息を吸い込むように意識します。息は吐き切るようにします。呼吸をするたびにお腹が膨らんだり、へこんだりするのを感じましょう。

第2チャクラ　モヤ玉お掃除レシピ4

月のサイクルを味方につける

昔のハワイでは、月の満ち欠けに基づいた暦を使っていました。
1カ月は30日で、それぞれの夜に名前が付けられています。
農業や漁業に適した日や、神々に捧げられている日が決められていました。
日本人も月を愛で、月齢ごとに名前をつけていたので共通していますね。

月の引力によって潮の満ち引きも起きています。地球の表面積の70％が海に覆われています。人間の60～70％は水だと言われているので、月の影響を受けていると考えられます。

特に女性の生理の周期は月の満ち欠けと大きく関わっていると言われています。

昔から、西洋占星術では、月のサイクルには意味があると考えてきました。
このタイミングに合わせて、スケジュールを組んでみてはいかがでしょう。

新月・・・・・新しいスタート。種まき、リセット、変化、節目。
　　　　　　心身が不安定になる。

上弦の月・・・じょじょに満ちていく。成長、拡大、積極性。
　　　　　　学びも身に着く一方で、栄養も体に蓄えるので太りやすい。

満月・・・・・目的を達成。成就、臨界点。これまでの成果を出すとき。
　　　　　　気分の高揚。出血量の増加。出産も増えると言われています。

下弦の月・・・じょじょに欠けていく。減少、見直し、手放す。
　　　　　　これまでを振り返り、休む時期。デトックスやダイエットに向いている。

Hawaiian Healing
ハワイアン・ヒーリング

ハワイには、カフナと呼ばれるさまざまな知恵や技術を持つ専門家がいます。よく知られているカフナに、ロミロミというマッサージの施術、ホオポノポノという問題解決法、ラパアウという薬草治療などのカフナがいます。

これらの知恵は総称してフナと呼ばれます。

フナは一子相伝の奥義で、昔は公にすることはありませんでした。だからハワイ語で「秘密」という意味のフナという言葉があてはめられたのです。

フナの知恵では、人間は3つの自己から構成されていると考えます。

大雑把にいえばウニヒピリ（潜在意識）、ウハネ（顕在意識）、アウマクア（神聖な超意識）です。

ウニヒピリとウハネのバランスをとることで、アウマクアと一体になり、3つの自己の調和がとれて望み通りの人生を送ることができるというわけです。

ウニヒピリは感情、本能、記憶などを司ります。チャクラでいうと第1と第2に、ウハネは第6、アウマクアは第7に関連します。

これらのチャクラのバランスをとって最高の人生を送りましょう！

Aia no i ka mea e mele ana.

歌は、歌い手に選ばせなさい

言葉のレメディー
アンティー・モコよりみなさんへ

無理をしてもダメ！

わたしはよく人から、「毎日ブログを書いてすごいね、頑張ってるね」と言われます。そういう人は、大抵「わたしも頑張らなくちゃ」と付け加えます。

でもね、本人は頑張っているつもりは全くないのですよ。純粋に好きでやっているのでね。

頑張らなくちゃできないことなら、それは無理をしているということ。

みなさん、そうではなくて、やらずにはいられないことをやるのですよ！

思い出してみて！

面白い小説を読み始めたらとまらなくなって徹夜してしまったり、編み物に凝って寸暇を惜しんで編んだりしたときのことを・・・。

そのとき、あなたは頑張ってた？

頑張っていないですよね。好きでやっていただけですよね？

無理をしてもダメなんです。

あなたが、やらずにはいられないことをやりましょう。

あなたにとって一番身近な偉大なる自然は何でしょう？

そう、それはあなた自身。

あなたの体の細胞の一つひとつは、あなたを生かそう生かそうとして黙々と働いています。

そしてあなたの顕在意識も潜在意識も、よりよくなるためにいつも一生懸命考え、働いているのです。

それってALOHAですよね！

あなたが落ち込んでいるときも、自分にダメ出ししているときも、偉大なる自然はあなたを無条件に愛し、見返りを期待せずにあなたのために尽くしてくれているのです。

よく「自然を大事にしよう」と言われますが、まずは、一番身近な偉大なる自然、自分を大切にしましょう。

一人ひとりが自分を大切にすることで、ＡＬＯＨＡがどんどん広がり、地球全体を大切にすることにつながるのです。

第2チャクラお助けアイテム

アロマ
イランイラン、オレンジ、クラリーセージ、ジャスミン、ローズ、サンダルウッド、マジョラム

ハーブ
コリアンダー、タイム、バジル、ミント

フード
オレンジ色の野菜・果物（ニンジン、カボチャ、玉ねぎ、オレンジ）
腸の働きをよくするもの（発酵食品、ヨーグルト、スムージー）、飲み物全般

天然石
オレンジムーンストーン、カーネリアン、シトリン

フラワーエッセンス
パパイヤ（ハワイアン レインフォレスト ナチュラルズ）、フヨウ（ファー・イースト・フラワーエッセンス）

ホメオパシーのレメディー
ムーンストーン、シイピア、スタッフサグリア、コナイアム

●そのほか、オレンジ色のものを身につけるのもいいでしょう。リップやネイルもオレンジ系にしてみるといいですね。また、オレンジ色のユリ、アルストロメリア、ガーベラ、キンセンカ、ランタナなどをお部屋に飾ってもいいですね。

3

OHANA（家族）

第3チャクラとは？

第3チャクラ（マニプーラ・ソーラープレクサス・太陽神経叢のチャクラ）
場所：おへその少し上の、みぞおちのあたり
エネルギーの色：黄色、元素：火、天体：太陽

第3チャクラは、おへその少し上のみぞおちのあたりにあります。ここは社会の中においての自分の立場に関係するチャクラです。

第3チャクラのエネルギーの色は「黄色」。第2チャクラの自分はこうしたいという強い望みを、社会の中で実現していく意思に関わります。当然そこには、他者の思惑もからんでくるのでスムーズにはいきません。反対されたり、競争したり、譲歩することもあるでしょう。自分の立場を守りつつ、その時々に応じて柔軟に対応しながら、集団の中で生きていくというのは大切な能力です。

仕事での成功や、人間関係に関わるので、ストレスを受けるところでもあります。第3チャクラのバランスが崩れると、胃腸の問題として表れたり、怒りの感情を抱くようになります。また、人との境界線がうまくいかず、影響を受けてしまうこともあります。

人の悩みのほとんどは人間関係にあると言われていますから、第3チャクラのバランスは大切ですね。

このチャクラのバランスがとれていると、みんなと力を合わせることで、ひとりでは成しえない大きなことを創造し、世界が広がります。

みなさんが気になる仕事の問題には、第2チャクラと併せて、第3チャクラのバランスも整えましょう。

◎ポイント

第3チャクラを整えて、あなたの力を社会の中で存分に発揮させましょう！

ハワイの知恵 OHANA（オハナ）「家族」

ハワイでは、オハナ（家族）の一人ひとりは、同じ一つのタロから出た茎だと言われます。

タロはハワイアンの主食となるイモです。ハワイの神話では、ハワイアンとタロは兄弟だと伝えます。タロは根茎の部分を切り取ったあと、茎の部分を畑に突き刺すと、また大きな根ができるので、ひとつのタロから何度も収穫できます。それが、ハワイアンのオハナと同じだというわけですね。

ハワイアンにとってオハナが基本。血筋は大切ですが、そこには養子も含まれますし、結婚して家族の一員になった人も加わります。さらにオハナの一員が亡くなると、その人たちはスピリット（霊）となっていつまでもオハナのメンバーで在り続けるのです。

オハナはお互いに助け合い、精神的な支えでした。オハナの中では、年配者が若者にタロの育て方、魚の釣り方、家の建て方などの生きる術を教えます。さらに正しい振る舞い方、儀式、カプ（タブー）も伝えます。ハワイには文字がありませんでしたので、それらはすべて言葉で次の世代へ伝えられました。

一人のハワイアンとして、ハワイの土地でどのように生きるのか、オハナの中でどのように考え行動すべきなのかを代々受け継いできたのです。

◎ポイント
個人として、そして集団の中の一員として生きていくことを知る大切さ。

第3チャクラのバランスが崩れているときって？・・・モヤ玉がたまっている証拠！

第3チャクラが、どんなことに関係するのかイメージがつかめたでしょうか？

さあ、これからは、あなた自身の状態を見ていきましょう。

第3チャクラのバランスが崩れている状態は、あなたの中に、モヤモヤした気持ち・・・

つまりモヤ玉がたまっているとき。

まず、第3チャクラにモヤ玉がたまっていると、どんな気持ちになるのか知っておきましょう。

第3チャクラ　モヤ玉の特徴

・いつもストレスを感じている
・人から攻撃される
・怒りやイライラがある
・胃腸の調子がいまひとつ
・仕事がうまくいかない

では、次のページで、あなたのモヤ玉がどのぐらいたまっているのかチェックしてみましょう！

あなたのモヤ玉、チェック！

あなたの第3チャクラに、どのぐらいモヤ玉がたまっているのか調べてみましょう。
当てはまるものにチェックしてください。

第3チャクラ　モヤ玉チェック表

- □ ストレスがある
- □ 仕事や収入面で悩みがある
- □ 職場やサークルなどの集団の中に嫌いな人がいる
- □ 人から攻撃されることがある
- □ すぐにイライラしてしまう
- □ 我慢できずに、つい強いことを言ってしまう
- □ 決められない
- □ 人混みが苦手

□ ネガティブな影響を受けやすい
□ 競争やプレッシャーを感じる
□ 人との境界線がうまくとれない
□ 胃腸の調子がいまひとつ

結果

チェックの数

0〜3レベル1 ●・・・気になるモヤ玉を集中的にお掃除しましょう。
4〜8レベル2 ●●・・・定期的にモヤ玉お掃除心がけましょう。
9〜12レベル3 ●●●・・・さあ、モヤ玉を大掃除しましょう。

いくつだったら良い、悪いというものではありません。今の自分の状態を知ることが大切です！

誰でもいくつか身に覚えのある項目があるものです。チェックするたびに、1つ増えた、減ったと、神経質になってはいけませんよ。

チェックが多ければ、今はこういう傾向があるんだな、と今の自分を客観的に知ることが大切なんです。

モヤ玉をお掃除すると、本来のピカピカのあなたが現れる!

前のページで、モヤ玉がどのぐらいたまっているのかをチェックしましたね。
さあ、それらのモヤ玉をお掃除したら、どんなにスッキリすることでしょう。
そう、そのスッキリした状態が、本来のあなたなんです。
お掃除したら、どんな自分になるのか知っておきましょう。

・しっかりと自分の意思がある
・集団の中で、我慢しないで上手くやっていける
・仕事も充実して、収入にも満足
・決断力がある
・他の人と協力して大きなことを成し遂げる
・人の影響やまわりの雰囲気に左右されない

確固たる自分を持っているイメージがありますね。

わたしたちは本来、社会の中でもまれながら、その中でしっかりと自分を持って生きていく強さをもっているのです。

仕事についてはは第2チャクラと第3チャクラのバランスをとるといいでしょう。

第3チャクラ　モヤ玉お掃除レシピ1

それでは、たまったモヤ玉をどんどんお掃除していきましょう！

面倒なことは続きませんから、簡単なモヤ玉お掃除方法をご紹介します。

2 STEP アロマ

第3チャクラは、真の個人の力と意思を自覚し、自尊心を高め、自立しながら、他者と協力してより大きな目的に向かっていくことを可能にしてくれます。

だからこそ、他の人と衝突することもあれば、協力しあって素晴らしいことを成し遂げることもできます。

そんなときに助けてくれるのが、浄化と調和のルームスプレーです。

浄化と調和のルームスプレー

◯用意するもの
・ジュニパー精油4滴、　ベルガモット精油4滴

・50㎖スプレー容器、無水エタノール5㎖、精製水45㎖

○作り方

Step1　スプレー容器に無水エタノールを入れてから、ジュニパー精油とベルガモット精油を加えてよく振り混ぜる。

Step2　精製水を加えてさらによく振り混ぜる。いつでも必要なときにシュッとひと吹きする

＊肌にかからないように注意する。

お勧めレシピ

○保護とストレスケアに・・・フランキンセンス＋ベチバー

○イライラに・・・フェンネル＋ベルガモット

○明るさと元気を取り戻す・・・グレープフルーツ＋シナモン

第3チャクラ　モヤ玉お掃除レシピ2

消化器官は第3チャクラの領域です。

消化にもよく、体を温めてくれる「はちみつレモン生姜」がお勧めです。

生姜とレモンのはちみつ漬けを作っておくと、風邪気味のとき、冷えたり、疲れたり、ちょっとお腹がすいたときなど重宝します。

はちみつレモン生姜

○材料
はちみつ　適量（約200g）、レモン　1個、生姜　1個、煮沸消毒したガラス容器。

○作り方

Step1　皮ごとスライスしたレモンと生姜を、交互に層になるように容器に入れ、レモンと生姜が完全に浸るまで、はちみつを注ぎます。一週間ぐらいで完成。

Step2　大さじ1程度をマグカップに入れて、お湯を加えて出来上がり。

＊はちみつに材料が全て浸っていれば常温で保管できます。材料が空気に触れているとカビるので注意してください。

＊ソーダで割ったり、紅茶や、ヨーグルトに加えても美味しく頂けます。

第3チャクラ　モヤ玉お掃除レシピ3

たまには自分のために特別なバスタイムを過ごしましょう。

ヒーリングや、浄化、大きなストレスを抱えていたり、ショックな出来事があったとき、流れを変えたいなど、何かの節目のときなどに行うのがお勧めです。

心と体をスッキリさせて、リセットしましょう。

ヒーリング・バス

○事前の準備
お風呂の灯りを消して、可能ならキャンドルを灯す。

ヒーリング・バスを行うときは、髪や体を洗ったりせずに、ただお湯に浸かることを目的にした特別なバスタイムを過ごしてください。
○用意するもの

天然の塩　40g

○ヒーリング・バスの方法

Step1　ぬるめのお湯に塩を入れてよくかき混ぜる。

Step2　後頭部までお湯に15分ぐらいゆっくりと浸ったあと、軽くシャワーを浴びる。

＊浄化の目的のときには、ジュニパーの精油（5滴以内）を加えたり、清酒200㎖を加えたりしてもよいでしょう。

第3チャクラ　モヤ玉お掃除レシピ4

「流れを変えたい！」

そんなときにお勧めなのが、お部屋にモイスト・ポプリを飾ること。

お塩とアロマと色の効果で、流れが変わるでしょう。

玄関、リビング、寝室など、お部屋に合わせて作ってもいいですね。

モイスト・ポプリ

○用意するもの
好みの黄色い花（花びらをちぎる）　適量、お好みの精油　合計5～10滴、粗塩200g、厚手のビニール袋　1枚

○作り方

Step1　ビニール袋に粗塩、花びら、精油を加え、口を閉じてよく振り混ぜる。

Step2　好みの器に飾って出来上がり。

＊香りが薄くなってきたら、モイスト・ポプリをビニール袋に入れて、新たに精油を5滴ほど加え、よく振り混ぜてください。

＊オリスルートなどの乾燥ドライハーブに精油を染み込ませて加えると、香りが長持ちします。

Hawaiian Healing ハワイアン・ヒーリング

ハワイには、ホオポノポノという伝統的な問題解決法があります。ホオポノポノとは、「正しい状態に戻す」という意味。主に家族内に問題が起きたときに、祈り、話し合い、告白、悔い改め、許しなどを行って、家族関係を正します。

ホオポノポノを行うときには、カフナ（神官）または家族内の長老が進行役となります。そして参加する誰もがハートをオープンにして、正直に自分の気持ちを述べます。感情的になったり、隠し事をしたりすると、進行役がホオポノポノを中断して少し時間をとったり、もっと正直に話すようにと促します。これは勝ち負けや、どちらが正しい間違っているというものではないので、ほかの人を批判したりしません。参加した全員が感情を抑えて、自分の中をすべてさらけ出し、お互いに納得するまで続けるという、とても平和的な解決方法なのです。

このようにホオポノポノを行うには、参加した一人ひとりが成熟した大人であることが求められます。そして大いなる神の力を借りて、自分のためではなく、全員のために問題を解決したいと望む態度が必要なのです。

ホオポノポノは、これまでの社会が考案した中で、最も健全な家族関係の修復方法の一つであるとも言われています。

‘Ike aku, ‘ike mai, kókua aku kókua mai;
pela iho la ka nohona ‘ohana.
認め、認められる。助け、助けられる・・・それが家族

言葉のレメディー
アンティー・モコよりみなさんへ

ストレスを感じているときは、どこかに制限があるということ。


例えば、こんなふうに思っていない？

「これをやるべきなのに、あの人はやっていない」

「これをやらなくちゃ。だって他の人に悪く思われるから」

「これをやらねば、人に迷惑がかかってしまう」


わたしたちは、時として、こんなことばっかり言っています。

「・・・すべき」

「・・・しなくちゃ」

「・・・せねば」


「べキべキ」「クチャクチャ」「ネバネバ」・・・なんだか美しくありませんね。

制限って、美しくないんですね。

大人女性のみなさん、美しくないことはやめましょう！

自然療法の基本はハーブ?!

みなさんは、よくハーブティーを飲みますか?

コンビニエンスストアやスーパーマーケットなどでも気軽に手に入るようになりました。

ハーブティーが一般的になってきたのは、とてもよいことだと思います。


さて、そもそもハーブとは何でしょう?

もともと人間は、身近な自然に生えている植物を暮らしに役立ててきました。

具体的には、薬草、香草、スパイスはハーブの中に入ります。

ハーブの利用法はお茶やお料理だけではありません。栽培や、アロマテラピーとして香りを楽しんだり、草木染め、リース、ポプリ、キャンドルなどのクラフト作りのほか、薬効を目的に用いたりします。

広い意味では、わたしたちの衣食住に用いる植物はすべてハーブと呼べるのかもしれません。

世界四大文明が発達したころには、人間はすでにさまざまな薬草を用いて治療をしていました。わたしたち人間は少なくとも何千年もの間、ハーブを活用してきたんですね。ちょっとした日常の不調は、すぐに薬を飲まないで、自然療法を試してみてはいかがでしょう？

先人の知恵をもっともっと活かしましょう！

最古のハーブ療法?!

１９６０年に発見されたイラクのシャニダール洞窟で約６万年前の地層からネアンデルタール人の骨が発見されました。そこにはなんと花が手向けられていたそうです。それらの花はタチアオイ、ヤグルマギク、セイヨウノコギリソウなどで、傷の消毒にも使われる薬効のある植物でした。

第3チャクラお助けアイテム

アロマ
カモミール、ジュニパー、フェンネル、ベルガモット、ベチバー

ハーブ
カモミール、カレンデュラ、サフラン

フード
黄色の野菜・果物（トウモロコシ、ジャガイモ、大豆、小麦、バナナ、レモン、パイナップル）
消化を助けるもの（リンゴ、キャベツ、ダイコン）

天然石
タイガーアイ、イエロートルマリン、イエローシトリン

フラワーエッセンス

オーク（バッチ・フラワーレメディー）、バナナ（ハワイアン レインフォレスト ナチュラルズ）、ミムラス（バッチ・フラワーレメディー）

ホメオパシーのレメディー

ナックスボミカ、ルビー

●ほかにも人の影響を受けやすい人は黄色い腹巻き、収入アップには黄色いお財布もいいですね。また、黄色いアルストロメリア、ヒマワリ、マリーゴールドなどのお花も元気をくれるでしょう。

4

ALOHA（愛）

第4チャクラとは？

第4チャクラ（アナーハタ・ハート・胸のチャクラ）
場所：胸の中央。心臓のあたり
エネルギーの色：緑色・ピンク色、元素：空気（風）、天体：金星

第4チャクラは、心臓のあたりにあります。まさしく愛のエネルギーのセンターで、深い愛を経験します。

第1チャクラでは両足で大地を踏みしめ、第2チャクラでは本当に自分が望んでいることを表現し、第3チャクラでは社会の中で過ごしてきました。

そして第4チャクラになると、今度は自分だけではなく、全体のためにという無条件の愛を学んでいくんですね。

それは、自分があらゆるものとつながっているという感覚です。

これからは全体の中のひとりとして、自分の愛を世の中に示していくのです。

本来、わたしたちは喜びや感謝の気持ちで毎日過ごしていけるんですね。ところが第４チャクラのバランスが崩れると、孤独や寂しさを感じ、人を信じられなくなり、自己中心的になったり、自己卑下をするようになってしまいます。

第４チャクラは、第１・第２・第３の物質的側面に関連する下位チャクラと、第５・第６・第７の精神的側面に関連する上位チャクラとのバランスをとるところでもあります。

やっぱり愛が全体のバランスをとるんですね！

◎ポイント
第４チャクラのバランスをとって、愛に満ちた毎日を送りましょう！

ハワイの知恵　ALOHA（アロハ）「愛」

誰でも知っている「アロハ」という言葉。
ハワイでは歓迎するときや別れるときの挨拶として気軽に使われますが、もっと深い意味があります。
アロハは「愛」と訳されますが、そこには慈しみの心、優しさ、全体の調和など、多くの意味がこめられています。

ALOHAの言葉には、つぎのような精神が含まれていると表されます。

A・・・AKAHAI　優しさ、気遣い
L・・・LŌKAHI　調和、協調性
O・・・ʻOLUʻOLU　喜び、幸せ
H・・・HAʻAHAʻA　謙虚、慎み
A・・・AHONUI　忍耐、粘り強さ

アロハは日本人が受け継いできた精神ととてもよく似ていますよね。

日本人の中には、すでにアロハ・スピリットがあるのです。

一人ひとりがアロハ・スピリットを思い出して行動すれば、とても素敵な世の中になるでしょう。

◎ポイント
あなたの中のアロハ・スピリットを思い出しましょう！

第4チャクラのバランスが崩れているときって？・・・モヤ玉がたまっている証拠！

第4チャクラが、どんなことに関係するのかイメージがつかめたでしょうか？

さあ、これからは、あなた自身の状態を見ていきましょう。

第4チャクラのバランスが崩れている状態は、あなたの中に、モヤモヤした気持ち・・・

つまりモヤ玉がたまっているとき。

まず、第4チャクラにモヤ玉がたまっていると、どんな気持ちになるのか知っておきましょう。

第4チャクラ　モヤ玉の特徴

・孤独や寂しさを感じる
・自分は可愛そうだと思う
・過去に悲しい出来事があった
・人は信用できない
・幸せや喜びが感じられない

では、次のページで、あなたのモヤ玉がどのぐらいたまっているのかチェックしてみましょう！

あなたのモヤ玉、チェック！

あなたの第4チャクラに、どのぐらいモヤ玉がたまっているのか調べてみましょう。
当てはまるものにチェックしてください。

第4チャクラ　モヤ玉チェック表

□ 孤独や寂しさを感じる
□ 親から十分に愛されなかった
□ 恋愛がうまくいかない
□ 人は信用ならないと思う
□ 過去に辛い体験や恐い思いをしたことがある
□ 浮気されて傷ついたことがある
□ 正直なところ、人のことより自分のことで精一杯だ
□ 許せない人がいる

□ いつも愛を与えるばかりだ
□ 称賛、贈り物、愛情などを受け取るのが苦手
□ 呼吸が浅い
□ 最近、「楽しい！」と感じない

結果
チェックの数

0〜3レベル1 ・・・気になるモヤ玉を集中的にお掃除しましょう。
4〜8レベル2 ・・・定期的にモヤ玉お掃除心がけましょう。
9〜12レベル3 ・・・さあ、モヤ玉を大掃除しましょう。

いくつだったら良い、悪いというものではありません。今の自分の状態を知ることが大切です！

誰でもいくつか身に覚えのある項目があるものです。チェックするたびに、1つ増えた、減ったと、神経質になってはいけませんよ。

チェックが多ければ、今はこういう傾向があるんだな、と今の自分を客観的に知ることが大切なんです。

モヤ玉をお掃除すると、本来のピカピカのあなたが現れる！

前のページで、モヤ玉がどのぐらいたまっているのかをチェックしましたね。
さあ、それらのモヤ玉をお掃除したら、どんなにスッキリすることでしょう。
そう、そのスッキリした状態が、本来のあなたなんです。
お掃除したら、どんな自分になるのか知っておきましょう。

・自分やまわりの人を愛すれば愛するほど、どんどん自分の愛が増えるのがわかる
・愛を十分に受け取ることができる
・健全な境界線を引き、良い関係が築ける
・穏やかな気持ちで過ごせる
・感謝の気持ちがわいてくる
・物事をポジティブに考えられるようになる

ハートのチャクラ・バランスがとれていると、幸せに過ごせるんですね。

親との関係は第1と第4チャクラを、恋愛については第2と第4チャクラのバランスをとるといいでしょう。

第4チャクラ　モヤ玉お掃除レシピ1

それでは、たまったモヤ玉をどんどんお掃除していきましょう！

面倒なことは続きませんから、暗記できるほど簡単なモヤ玉お掃除方法をご紹介します。

2 STEP アロマ

幸せを象徴する香りといえばローズ。

甘く華やかな香りは古来より女性を虜にしてきました。

古代エジプトの女王クレオパトラがローズの香りをまとって、カエサルやアントニウスを誘惑したことは有名です。

ローズは心を落ち着かせ、気持ちを明るくさせ、安らぎをもたらしてくれます。

ホルモンバランスもとってくれるので、女性の美と健康には力強い味方です。

幸せのローズ・オイルを第4チャクラの場所である、胸の中央に少量を塗って幸せを感じましょう。

ハッピー♡ハートのローズ・オイル

○用意するもの
ローズの精油、アロマ用キャリアオイル（グレープシードオイル、スイートアーモンドオイル、ホホバオイルなど）30㎖、遮光瓶 1本
○作り方
Step1 遮光瓶にキャリアオイルを入れ、ローズ精油を1〜3滴加える。
Step2 よく振り混ぜて出来上がり。
○使い方
フェイスやボディマッサージ、手や指のケア、ヘアオイルとして少量を毛先になど、体中に使えます。

＊事前にパッチテストを行ってから使用してください。
＊キャリアオイルは酸化しますので、1カ月以内に使い切ります。
＊ローズ精油は高価なので、代わりにイランイラン（香りが強いので1、2滴）、ラベンダー1、ローズゼラニウムなどの精油でも楽しめます。

第４チャクラ　モヤ玉お掃除レシピ２

ハワイは「レインボー・ステート」とも呼ばれています。

常に貿易風が吹いていて、山にぶつかって雨が降り、その雨のおかげで、ハワイでは毎日どこかで虹が出ていると言われています。

ハワイ神話で虹は、天と地を結ぶものとして登場します。

第４チャクラは、第１〜第３までのチャクラと、第５〜第７までのチャクラを結びつける役割があります。

それぞれのチャクラがバランスをとって全体として調和がとれたときに、わたしたちは美しい虹になって天と地と繋がる、そんなイメージのサラダです。

虹のサラダ

○材料

赤色（赤パプリカ、トマトなど）、オレンジ色（カボチャ、ニンジンなど）、黄色（ジャガイモ、大豆、トウモロコシなど）、緑色（キャベツ、ゴーヤ、ピーマン、ブロッコリー、ホウレンソウ、レタスなど）、青色と藍色（コンブ、ワカメ、イワシ、サンマなどの青魚）、紫色（ナス、ブルーベリー、干しブドウなど）、黒色（ゴボウ、ヒジキなど）、白色（キノコ類、ニンニク、タマネギなど）

＊すべて適量。ほかにもお好みでいろいろな食材を加えてください。
＊青い食べ物はないので海藻類や青魚で代用します。青魚は缶詰を使ったり、事前にトマト煮などを作っておいて保存しておきます。
＊黒は第1チャクラ、白は第7チャクラの色です。

○作り方
Step1　生で食べられる野菜はそれぞれ食べやすい大きさに切り、チャック付きビニール袋などに入れて空気を抜いて冷蔵庫で保存しておく。ヒジキはさっと茹で、ワカメは湯通し。大豆などの豆類も茹でて、同様に冷蔵庫で保存しておく。
Step2　いつでも食べたいときに、各色の具材を適量盛り付けて、好みのドレッシングをかけていただきます。

第4チャクラ　モヤ玉お掃除レシピ3

背中に触れるワーク

心や体がちょっと疲れたときは、親しい人に背中に触れてもらいましょう。

首から背中は知らないうちに緊張しています。

自分の背中は、なかなか自分で優しく撫でることができません。

だから背中を撫でられるというのは、誰かに優しくしてもらっているということなんです。

適切な人がいないときには、アロママッサージやロミロミサロンに行って、背中を優しくトリートメントしてもらいましょう。

そしてあなたに家族やパートナーがいるなら、優しく背中を撫でてあげてくださいね。撫でるほうも、たくさんの愛を受け取ることができます。

背中に触れることは、シンプルだけれど、とっても愛を感じることができます。

第4チャクラ　モヤ玉お掃除レシピ4

ALOHAのワーク

アロハは不思議です。
人からアロハを受け取ると、アロハを返したくなります。
だからあなたからアロハを発信しましょう。
もし相手の人があなたにアロハを返さなかったとしても、それでいいのです。
その人は、きっとどこかで誰かにアロハを返しているはずです。

そしてもうひとつ。
与えるだけがアロハではありません。
信頼することもアロハです。
相手の人は、あなたがいなくても強く生きているのだと信じましょう。
あなたが関わらなくても、相手の人はその人が信じる人生を歩んでいるのだと認める
こともアロハです。罪悪感を持つ必要はありません。

今日もアロハのワークを行いましょう。

Hawaiian Healing ハワイアン・ヒーリング

なぜわたしたちはハワイに惹かれるのでしょう?

ハワイに行ったことのない人でも、「ハワイ」と聞いただけで幸せな感じがしますよね。

ハワイは地球のハートチャクラだとも言われています。

それが本当かどうかは分かりませんが、太平洋の真ん中にある小さな島に、世界中から人々が訪れて、癒されているのは事実です。

それもそのはず。ハワイはいたるところ聖地やヒーリングスポットがあります。

例えば、ほとんどの観光客が訪れるワイキキは、昔からマナという神秘の力が宿る癒しの地でした。

病気を癒す海があり、儀式を行ったヘイアウ（神殿）が造られ、王家の人々が好んで家を建てました。かつてハワイアンの療養所もありました。現在も、不思議な力を宿した石が安置されています。

知ってか知らずか、多くの人たちがワイキキの癒しの海に浸かりに来ているのです。

ハワイは地球内部からマグマが噴出してできた島。

地球の心臓部から生まれた島。

やっぱりハワイは地球のハートチャクラと言えるのかもしれません。

E hea i ke kanaka e komo maloko e hānai ai a hewa ka waha.

人が通りがかったら家に招き、その人がお腹いっぱいになるまでもてなしなさい。

言葉のレメディー
アンティー・モコよりみなさんへ

ほかの人と上手くいかないときは、お互いが自分のモノサシで相手を測っているとき。

「普通は、1メートルでしょ」

「何言っているんだ、これは39・37インチだ！」

そうケンカしているようなもの。

「青がいいなんて信じられない！　赤が好きで当然じゃない?!」

何色が好きかなんてその人の自由なのに、それを批判しているようなもの。

「普通はこれぐらい分かっていて当たり前。本当にイライラする！」

以前、あなたが気が付かないところで、誰かがあなたの成長をじっくり待ってくれていたのだと教えてもらっているのです。

呼吸の大切さ

最近、呼吸が浅くなっていると感じませんか？

階段の上り下りや、大きな声で話すときに息切れすることはありませんか？

ストレスを抱えていたり、姿勢が悪かったり、運動不足だと呼吸は浅くなっている可能性があります。

わたしたちは生まれた瞬間から死ぬ瞬間まで、ずっと呼吸をし続けています。呼吸は自律神経の支配下にあるので、意識していなくても呼吸が止まることはありません。

その一方で、意識的に呼吸の長さを変えることで、自律神経のバランスを整えることもできるのです。

息を吸うと交感神経が優位になり、息を吐くと副交感神経が優位になります。

また深呼吸をすると横隔膜が上下して神経を刺激し、自律神経を整えてくれます。

自律神経が整ってリラックスすると、免疫もアップし、幸せホルモンといわれるセロトニンも増えると言われています。


気が付いたときに、いつでも深呼吸をする癖をつけましょう。鼻から息を吸って、鼻または口から息を吐きます。

緊張したり、心がざわざわするとき、忙しかったり、疲れているときなどは、吸う息よりも吐く息のほうを長くして、何度かゆっくり呼吸をしてみましょう。

しばらくすると気持ちが落ち着いてきます。

第4チャクラお助けアイテム

アロマ
イランイラン、ジャスミン、ネロリ、メリッサ、ローズ

ハーブ
レモンバーム、ローズ

フード
緑色の野菜・果物（アボカド、キャベツ、ゴーヤ、ブロッコリー、ホウレンソウ、レタス）
オリーブオイル、緑茶

天然石
アベンチュリン、エメラルド、ジェイド、ピンクトルマリン、ペリドット、ローズクオーツ

フラワーエッセンス
キネヘ（ハワイアン レインフォレスト ナチュラルズ）、フヨウ（ファー・イースト・フラワーエッセンス）

ホメオパシーのレメディー
エメラルド、ネイチュミュア、ローズクオーツ

●緑色やピンク色のセーターやブラウスを着たり、ハンカチやポーチなどの小物を持つのもいいですね。また、観葉植物や、カーネーション、ガーベラ、ゼラニウム、バラなどのピンク色のお花を飾りましょう。

5

PULE（祈り）

第5チャクラとは？

第5チャクラ（ヴィシュッダ・スロート・喉のチャクラ）
場所：喉のあたり
エネルギーの色：青色、元素：なし、天体：水星

第5チャクラは、喉のあたりにあり、自己表現やコミュニケーションと関係しています。

第4チャクラで経験した無条件の愛を、第5チャクラで語っていきます。実際に声を使うことはもちろんのこと、文章を書いたり、絵を描いたり、踊ったり、何かを作るなどあらゆる表現に関連します。

このチャクラが閉ざされていると、自分が思っていることを上手く伝えることができません。当然、人とのコミュニケーションがうまくいきません。

肉体的にも喉が詰まっているような感覚があったり、咳が出たり、発声や聴覚に問題が出てくる場合もあるでしょう。

第5チャクラのバランスがとれていると、あなたの意思で、あなたの愛や真実をどんどん世の中へ表現できるようになります。意味のないおしゃべりではなく、真実を語っていくのです。

◎ポイント

第5チャクラのバランスをとって、愛を語りましょう！

ハワイの知恵　PULE（プレ）「祈り」

ハワイにはもともと文字がありませんでした。

そのためすべて言葉で伝えていました。

代々、祖先から受け継いできた重要な教えや技術、大切な歴史は、チャントや物語にして次の世代へと伝えてきました。


ハワイ語には表面的な意味のほかに、隠された裏の意味を持つ言葉もあります。

同じ言葉でも発音のしかたによって意味が異なる場合もあります。

例えば神話の中で、あるアリイ（王）が倒されたという一文には、かつて大きな津波が町を襲ったという歴史を伝えていることがあると教えてもらったことがあります。

ひとつの言葉に、いくつもの意味を持たせていることがあるのです。

ハワイアンは言葉には神秘的な力と結合の力があると考えていました。そのため何かを意図して伝えるときはもちろんのこと、何気なく発する言葉についても慎重に言葉を選びました。

言葉は人を癒すことも、傷つけることもあるからです。

どんな言葉を選択するかは、その人の責任なんですね。

◎**ポイント**

いつも愛ある言葉を語りましょう。

第5チャクラのバランスが崩れているときって？・・・モヤ玉がたまっている証拠！

第5チャクラが、どんなことに関係するのかイメージがつかめたでしょうか？
さあ、これからは、あなた自身の状態を見ていきましょう。

第5チャクラのバランスが崩れている状態は、あなたの中に、モヤモヤした気持ち・・・
つまりモヤ玉がたまっているとき。
まず、第5チャクラにモヤ玉がたまっていると、どんな気持ちになるのか知っておきましょう。

第5チャクラ　モヤ玉の特徴

・うまく人と話せない
・自分の気持ちを言えない
・人に言えない秘密がある
・引っ込み思案
・声や喉の問題を抱えている

では、次のページで、あなたのモヤ玉がどのぐらいたまっているのかチェックしてみましょう！

あなたのモヤ玉、チェック！

あなたの第5チャクラに、どのぐらいモヤ玉がたまっているのか調べてみましょう。
当てはまるものにチェックしてください。

第5チャクラ　モヤ玉チェック表

□ 人と話すのが苦手
□ 言いたいことが伝わらずに、相手に誤解される
□ 悲しいときも嬉しいときも感情を抑えてしまう
□ 大きな挫折や恐怖を体験をしたことがある
□ 本音で語れる相手がいない
□ 誰にも言えない秘密がある
□ 自分に合った仕事が分からない
□ 喉に何かがつかえているような感じがする

□ 話のキャッチボールをせずに、いつも自分だけしゃべってしまう
□ 「ありがとう」と言うのが恥ずかしい
□ 相手の話の真意が分からない
□ 喉や声、耳に問題がある

結果

チェックの数

0〜3レベル1・・・・ 気になるモヤ玉を集中的にお掃除しましょう。
4〜8レベル2・・・・ 定期的にモヤ玉お掃除心がけましょう。
9〜12レベル3・・・・ さあ、モヤ玉を大掃除しましょう。

いくつだったら良い、悪いというものではありません。今の自分の状態を知ることが大切です！誰でもいくつか身に覚えのある項目があるものです。チェックするたびに、1つ増えた、減ったと、神経質になってはいけませんよ。
チェックが多ければ、今はこういう傾向があるんだな、と今の自分を客観的に知ることが大切なんです。

モヤ玉をお掃除すると、本来のピカピカのあなたが現れる！

前のページで、モヤ玉がどのぐらいたまっているのかをチェックしましたね。
さあ、それらのモヤ玉をお掃除したら、どんなにスッキリすることでしょう。
そう、そのスッキリした状態が、本来のあなたなんです。
お掃除したら、どんな自分になるのか知っておきましょう。

・コミュニケーション力がアップする
・本音を話すことができる
・相手の話を聞くのが上手くなるので人に好かれる
・表現力が豊かになる
・やる気が出てくる
・明るく魅力的になる

第5チャクラのバランスがとれていると、無駄なことやネガティブなことではなく、真実や愛を語ることができるんですね。

コミュニケーション力をつけて、仕事も恋愛も成功させましょう！

第5チャクラ　モヤ玉お掃除レシピ1

それでは、たまったモヤ玉をどんどんお掃除していきましょう！

面倒なことは続きませんから、暗記できるほど簡単なモヤ玉お掃除方法をご紹介します。

2 STEP アロマ

特定の香りを嗅いだ瞬間に、過去の思い出が鮮やかに蘇った経験ありませんか？

香りは、脳の中でも記憶を司る海馬という場所と結びついています。

そんな香りの効果を使って、さりげなく香る名刺から、あなたの魅力を印象づけましょう。

浄化の力と生命力の強いユーカリと、好印象を与えるラベンダーの香りは、あなたのコミュニケーション力をアップしてくれるはずです。

開運アロマ・カード

○用意するもの

ユーカリ精油、ラベンダー精油、名刺大の紙　１枚

○モヤ玉お掃除方法

Ｓｔｅｐ１　紙にユーカリとラベンダー精油を各１滴たらす。

Ｓｔｅｐ２　精油が乾いたら、名刺入れやお財布に入れる。

＊カードに接した名刺やお財布の内側の布に精油のシミがつく場合がありますのでご注意ください。

第5チャクラ　モヤ玉お掃除レシピ2

お客様を招いた時に、フルーツティーでおもてなしはいかが？
作り方はとっても簡単です。
見た目も華やかで、会話も弾むでしょう。

魅惑のオレンジ・スパイス・ティー

○用意するもの（2人分）
オレンジのスライス　2枚、スパイス、紅茶　適量
＊スパイスは下記いずれか、またはお好みで。クローブ2個、シナモン1本、スターアニス1個

○作り方

Ｓｔｅｐ１　温めたティーポットに、オレンジ、スパイス、紅茶を入れる。

Ｓｔｅｐ２　熱湯を注いで5分蒸らし、茶漉しを使ってカップに注ぐ。

お好みで砂糖やはちみつを加える。

＊ほかにもリンゴのスライスや、ルイボスティーを使っても美味しくできます。

＊スパイスは、生姜、ブラックペッパー、カルダモンなどもお勧めです。

第5チャクラ　モヤ玉お掃除レシピ3

声を出すワーク

第5チャクラは真実を語っていくところですから、あなたの内側にあるものを外に表現することを意識しましょう。

子どものころに好きだったことは何ですか？

歌をうたう、絵を描く、踊る、工作、虫取り、動物の世話・・・・。

大人になると、理由や効果がないと行動しなくなってしまいます。

「ただ、やってみたい！」それだけでいいのです。

「そういえば、あれが好きだったな」と、ふっと思うことがあったら、すぐに行動に移しましょう。

特にやりたいことが分からないという方は、一番簡単な、声を出すことからやってみましょう！

・音楽をかけて一緒に歌う
・カラオケで歌う
・本を音読する
・発声練習をする

単なるおしゃべりではなく、意識的に声を出すことが大切です。
定期的に声を出してみてくださいね！

第5チャクラ　モヤ玉お掃除レシピ4

どんなときも、自分を笑い飛ばせるといいですね。

決して自己卑下や自己否定ではなくて、深刻にならずに、大らかに受け流すことができるということです。

自分を笑い飛ばすワーク

これはワークですので、鏡に映るときにいい顔をしてはいけません。

落ち込んでいたり、暗い気持ちでいても、その気持ちのまま、素の自分を映し出してくださいいね。

①鏡に映った自分の姿を見る。ここでいい顔をしてはいけません。

②つぎに、思い切りヘン顔してください。誰も見ていませんから、思いつく限りのヘン顔で。バカバカしくなるまでやりましょう。

③最後は、最高に幸せな自分を想像してください。とびきりの笑顔で目を輝かせて、魅力的な顔をしてください！　そう、それが本来のあなたです。

Hawaiian Healing ハワイアン・ヒーリング

ハワイの王家に代々受け継がれてきた、『クムリポ』という天地創造のチャントがあります。

クムリポとは、ハワイ語で起源、創始、命の源という意味です。

このチャントによると、この世はポーという暗闇の世界からはじまったと伝えます。ポーは神々をはじめとする、あらゆるものが全て含まれる領域です。そこに光が差し、アオという世界が訪れると続きます。

『クムリポ』はこの世がはじまり、生物や植物が現れて進化し、神々が登場し、人間が誕生し、そこからチーフが生まれて、代々のチーフの名前を連ねるという壮大なこの世の歴史を伝えています。

ハワイには「Nānā i ke kumu（源に目を向けなさい）」という言葉があります。

その源というのが、この世の最初にあったポーという世界であるとも言えます。

ポーというのはすべての可能性を持った世界。つまり量子物理学でいえば万物を生むエネルギーの場・ゼロポイントフィールドだとも解釈できるでしょう。

わたしたちはいつでも無限の可能性のある原点に戻って、何でも創造することができるのだと言えるでしょう。

Aia ke ola i ka waha; aia ka make i ka waha.
言葉で人を元気にすることも、傷つけることもできる。

言葉のレメディー
アンティー・モコよりみなさんへ

いつも真実を語りましょう。
相手の話を最後まで聞きましょう。
不用意に、相手の話を遮るのはやめましょう。
よく考えて、適切なときを選んで、言葉を発しましょう。
あなたが真実を語れば、あなたにも真実が語られます。

祈りの効果

わたしたちは誰かを助けたいとき、自然と祈りを捧げます。

祈りは科学的にも効果があると証明されているようです。

またその効果は、実際に誰かを助けるだけでなく、ほかの人のためを思って祈ることで、自分の幸福度が高まることも分かっています。

それにはコツがあるのです。

肯定文で祈る、ということです。


これは自分の願いを祈るときも同じです。

たとえば「失敗しませんように」と祈ると、どうしても「失敗する」ということが先にイメージされてしまうんですね。

そうではなくて、「成功しますように」と祈りましょう。


いつでもポジティブな結果を期待しましょう。

第5チャクラお助けアイテム

アロマ
カモミール、ティートリー、ミルラ、ラヴァンサラ、ユーカリ

ハーブ
オレガノ、パセリ

フード
青色系の野菜・果物（ぶどう、プラム、ブルーベリー）、青魚など

天然石
アクアマリン、カルセドニー、トルコ石

フラワーエッセンス
コアジサイ（ファー・イースト・フラワーエッセンス）、ナチュラルブリス（ハワイアン レインフォレスト ナチュラルズ）

ホメオパシーのレメディー
イグナシア、ターコイズ、ムーンストーン

●青色の石のネックレスをつけたり、スカーフを首に巻いたりしてもいいでしょう。また、紫陽花、桔梗、スターチスなどの青色のお花を飾りましょう。

6

‘IKE（知る）

第6チャクラとは？

第6チャクラ（アージュニャー・ブロウ・眉間のチャクラ）
場所：眉間のあたり
エネルギーの色：藍色、元素：なし、天体：木星

第6チャクラは、眉間のあたりにあります。第三の目と呼ばれているように、直感や目に見えない雰囲気を読みとることに関連します。

このチャクラが閉ざされていると、集中できなかったり、混乱や迷いがおきます。また優柔不断になり、物事を理屈だけで判断するようになります。

将来についても展望が持てず、目先のことを処理するだけの日々を送ります。

肉体的には不眠や頭痛などにも関係するでしょう。

第6チャクラのバランスがとれていると、理屈ではなく、自分にとってよいこと、必要なこと、危険なことが分かるようになります。

すっきりとした気分で、自分の進む方向が分かるのです。

生まれてきた目的をしっかりと果たすためには、第三の目をクリアにしたいですね。

◎ポイント

第6チャクラのバランスをとって直感を得ましょう！

ハワイの知恵　ʻＩＫＥ（イケ）「知る」

元々、ハワイアンはタヒチやマルケサス諸島からカヌーに乗って移住してきました。西暦450年ごろには、すでにハワイには人々が生活していたといわれています。なぜハワイに移住してきたのかはいろいろな説がありますが、どの大陸からも遠い、太平洋の真ん中にある小さな島に偶然たどり着いたわけではありません。ハワイアンは意図を持って、タヒチからハワイにやってきたのです。

もともとポリネシア地区には金属がありませんでしたので、釘を一本も使わず、石などの道具を使い、木とロープだけでカヌーを造りました。もちろん近代計器などありません。星の位置、潮の流れ、風や鳥の飛び方など自然のサインを読みとって、何千キロも離れた島から島を航海していたのです。

ハワイでも、600年ぐらい前までタヒチを往復していたそうですが、いつしか星を読む航海術はすたれてしまっていました。

1970年代になって、ハワイでは文化復興運動が盛んになりはじめました。そして1976年、古代カヌーの製造技術で造られたホクレア号が、昔ながらの星の航海術によってタヒチまで航海するというプロジェクトが成功を収めました。それはハワイアンに大きな自信をもたらしたのです。

現在もホクレア号は航海を続けながら、ハワイの英知と、「マーラマ・ホヌア（地球を大切に）」のメッセージを世界中に広めています。

◎ポイント
自然のサインを読みとる力を思い出しましょう。

第6チャクラのバランスが崩れているときって？・・・モヤ玉がたまっている証拠！

第6チャクラが、どんなことに関係するのかイメージがつかめたでしょうか？

さあ、これからは、あなた自身の状態を見ていきましょう。

第6チャクラのバランスが崩れている状態は、あなたの中に、モヤモヤした気持ち・・・

つまりモヤ玉がたまっているとき。

まず、第6チャクラにモヤ玉がたまっていると、どんな気持ちになるのか知っておきましょう。

第6チャクラ　モヤ玉の特徴

・将来をイメージできない
・集中できない
・勘が働かない
・理屈で説明できないことは信じられない
・空気が読めない

では、次のページで、あなたのモヤ玉がどのぐらいたまっているのかチェックしてみましょう！

あなたのモヤ玉、チェック！

あなたの第6チャクラに、どのぐらいモヤ玉がたまっているのか調べてみましょう。
当てはまるものにチェックしてください。

第6チャクラ　モヤ玉チェック表

- □ 目に見えないことは信じられない
- □ 気分や直感よりも、理屈や数字が大切
- □ よく空気が読めないと言われる
- □ あたまがぼんやりして集中できない
- □ 直感が働かない
- □ 将来どうなりたいのかイメージできない
- □ 偏屈だと言われる
- □ 思い込みが激しい

□ 人生をポジティブにとらえられない

□ 自分にはどんな仕事が向いているのか分からない

□ 能天気な人を見るとイライラする

□ 頭痛や不眠に悩んでいる

結果

チェックの数

0〜3レベル1・・・気になるモヤ玉を集中的にお掃除しましょう。

4〜8レベル2・・・定期的にモヤ玉お掃除心がけましょう。

9〜12レベル3・・・さあ、モヤ玉を大掃除しましょう。

いくつだったら良い、悪いというものではありません。今の自分の状態を知ることが大切です！

誰でもいくつか身に覚えのある項目があるものです。チェックするたびに、1つ増えた、減ったと、神経質になってはいけませんよ。

チェックが多ければ、今はこういう傾向があるんだな、と今の自分を客観的に知ることが大切なんです。

モヤ玉をお掃除すると、本来のピカピカのあなたが現れる！

前のページで、モヤ玉がどのぐらいたまっているのかをチェックしましたね。
さあ、それらのモヤ玉をお掃除したら、どんなにスッキリすることでしょう。
そう、そのスッキリした状態が、本来のあなたなんです。
お掃除したら、どんな自分になるのか知っておきましょう。

・アイデアやひらめきを得られる
・将来を見通せる
・集中できる
・自分を客観視できる
・真実を見分けることができる

第6チャクラのバランスがとれていると、勘が冴えて、迷いなく人生を送れるんですね。

スッキリした気持ちで前向きに進みましょう！

第6チャクラ　モヤ玉お掃除レシピ1

それでは、たまったモヤ玉をどんどんお掃除していきましょう！

面倒なことは続きませんから、暗記できるほど簡単なモヤ玉お掃除方法をご紹介します。

2 STEP アロマ

わたしたちは毎日、目を酷使しています。

目が疲れていると勘も働きません。

そんなときは、ほんのりと温かい「ハーブと小豆のアイピロー」で、目の疲れをとりましょう。

ハーブを入れると心も穏やかになる相乗効果があります。

ハーブと小豆のアイピロー

○用意するもの
小豆60g、乾燥ハーブ（ペパーミントやラベンダー）小さじ2、お茶パック 2枚、タオルハンカチ 1枚

○作り方
Step1 お茶パックに小豆30g、ハーブ小さじ1を入れたものを2つ作り、500Wの電子レンジで20秒ほど温める。
Step2 2つ折りにしたタオルハンカチの長辺と短い1辺を縫って筒状にしたものに、2つのお茶パックを入れて出来上がり。

＊お茶パックは化繊でできていますので発火する恐れがあります。温めすぎや火傷に注意してください。
＊お茶パックの代わりに木綿で小さな袋を作るとよりよいでしょう。

第6チャクラ　モヤ玉お掃除レシピ2

エルブ・ド・プロバンスとは、「仏プロバンス地方のハーブ」という意味。プロバンス地方で自生するタイム、セイボリー、セージ、バジル、パセリ、フェンネル、マジョラム、ラベンダー、ローズマリーなどをミックスしたものです。直感を高め、浄化や殺菌力がある、癒しと健康のハーブばかり。あなたの創造性を高めてくれるでしょう。

とっても簡単で、しかもいつものお料理がワンランクアップします。生ハーブでも乾燥ハーブでも、どちらでも楽しむことができます。

万能エルブ・ド・プロバンス

◯材料
乾燥タイム、乾燥パセリ、乾燥ローズマリー　各同量ずつ

◯作り方
Ｓｔｅｐ１　材料をすべて混ぜて、瓶に入れて保存。
Ｓｔｅｐ２　いつものお料理にひとつまみ加える。

◯参考料理
ドレッシング、オムレツ、ホットケーキ、パンに加える。
マヨネーズ、バター、クリームチーズに混ぜて、いつものお料理に。
鶏肉や豚肉、アジやイワシ、ジャガイモやカボチャのオリーブオイル焼きに。
ガーリックトーストに。パン粉に混ぜて香草焼きに。

＊ハーブの種類はお好みでいろいろ試してみてください。

第6チャクラ　モヤ玉お掃除レシピ3

一瞬で気分を変えるワーク

どうも気分が晴れない、落ち込んでいる、やる気がおきない・・・誰でもそんなときがあるものです。

悩んでいるときには、答えは出ません。

悩んでいるときは、困っているという感情を表しています。

困っている自分という状態でいるので、解決に向かっていないんですね。

誰でも悩むときはあるし、それがいけないわけではありません。

でも大人女性なら、こう考えましょう。

「今自分は悩んでいる。悩んでいるうちは解決しないけど、今はこういう気分でいたいだけ」

何か物事が起きて、それに左右される無力な自分ではなく、自分から前向きに悩んでいることを選択しているのだと、主体性を持つことが大切なのです。

そして悩むのに飽きたら、一瞬で気分を変えましょう。

・その場でジャンプする
・手足をぶらぶらと揺らす
・顎を上げる

さっきよりも気分が良くなったはずです。

さあ、カッコイイあなたで前に進んでいきましょう！

第6チャクラ　モヤ玉お掃除レシピ4

毎日、新しい選択をするワーク

わたしたちは年を重ねるに従って、変化を好まなくなり、これまでと同じ状態に居心地の良さを感じるようになります。

でも子どもや若い人は、新しいことに対して良い期待をしてワクワクします。安定よりも、期待のほうが上回っているのです。

年をとっても若々しい人はとっても好奇心旺盛です。未知のことに興味を持って、どんどん受け入れ、この先こうしたいという夢があります。

そうすると脳が刺激され、新しい回路がたくさん作られて、物事を受け入れる範囲が広がっていく…つまり物事を柔軟に考えられるようになり、選択肢が増えていきます。

人生はより楽しく、そして楽になるんですね！

さあ、毎日、新しいものを選択するワークをしましょう。

参考例

・カフェで、これまで飲んだことのないものを注文する
・いつも選ばない色の服を着る
・いつもと違う指に指輪をはめる
・髪の分け目を変える
・いつもと違う道で帰る
・ずっと連絡していなかった友達にメールする
・お客様用のティーカップを普段使いにする

＊ただしゲーム感覚で面白がってやること。決して真剣にやってはいけません。

Hawaiian Healing　ハワイアン・ヒーリング

ハワイ神話の中で最も有名な話は、火山の女神ペレと妹ヒイアカの物語でしょう。

ペレはヒイアカに命じて、カウアイ島にいる自分の夫を迎えに行かせます。

ヒイアカは自分が留守にしている間に、大切な親友と森を守ってほしいと姉に約束をとりつけて長い旅に出ました。

ところがヒイアカは旅の途中で、何度も自分の大切な親友と森が、姉が流した溶岩によって破壊されているビジョンを見ます。何かの間違いであってほしいと思いながらヒイアカは旅を続けます。

やがて約束通り姉の夫をハワイ島に連れて帰ってきました。そこで目にしたものは、ヴィジョン通りの光景でした。ペレはヒイアカの帰りが遅いと怒りを爆発させて溶岩を噴出させ、ヒイアカの親友と森を破壊していたのでした。

現実を目の当たりにしたヒイアカは、もはや自分を偽ることはできなくなりました。そして正面から姉ペレと対決したのでした。

ハワイアンにとって直感や前兆はとても自然なことでした。

今でも、祖先になにかを訪ねたときに風が吹けばそれが答えだととらえたり、おめでたい時にミストのような雨が降れば祝福だと受け取ったりします。

自然のサインを読み取ることは、昔から生活に根付いたものなんですね。

Kūkulu ka ʻike i ka ʻópua.

前兆は雲の中にある

言葉のレメディー
アンティー・モコよりみなさんへ

あなたはあなたの世界を創っています。
それは本当のことです。

あなたの周りを見回してください。
愚痴や文句を言う人や、人を非難している人は、幸せそうですか？
豊かで成功している人は、どんな言葉を口にしているでしょう？

想像してみてください。
ネガティブなことばかり言う一日と、感謝の言葉だけを口にする一日を。
さあ、どちらが幸福な一日を過ごせそうですか？

あなたの思考、言葉、口癖、思い癖、よく口ずさむ歌など、もう一度見直しましょう。
わたしたちは一日に何万語も頭の中で話しているそうです。
嫌な出来事があると、わたしたちは頭の中で、その場面を何度も再現してしまいます。
その都度、潜在意識にネガティブなイメージが焼き付けられてしまいます。
とくに無意識に頭の中で話している言葉に注意しましょう。

幸せな世界を創りたいなら、ポジティブな思考をし、愛ある言葉を語りましょう。

フラワーエッセンスとホメオパシー

日本でも、自然療法を行う人の間でフラワーエッセンスとホメオパシーはだいぶ知られるようになりました。

フラワーエッセンスは約80年前に英医師エドワード・バッチが考案した療法です。

花の力を水に転写したものを用います。

ホメオパシーは、約200年前に独医師サミュエル・ハーネマンが確立した療法です。植物や鉱物など自然界にあるものを希釈震盪したものを用います。

どちらも原物質が入っていないので安心です。現在では世界の多くの国々で使われています。


ハワイのオーガニックのスーパーマーケットでは、どちらも普通に売られています。

マウイ島にハナという小さな町があります。「天国のハナ」とも呼ばれ、空港から、曲がりくねった細い一本道をひたすら2時間ぐらい車で走った先にあるハワイの原風景の残る場所です。

そのハナに一件だけハセガワ・ジェネラル・ストアという〝よろずや〟があります。

そのお店に基本的なホメオパシーのレメディーが並んでいたのを見たときは、とっても感動しました！　それほど一般的なものですね。

チャクラもバイブレーションですから、このようなバイブレーション療法が向いていると思います。

第6チャクラお助けアイテム

アロマ
カモミール、ジュニパー、タイム、バジル、ローズマリー

ハーブ
セージ、タイム、バジル、ローズマリー

フード
青色系の野菜・果物（黒オリーブ、紫キャベツ、レーズン）

天然石
アズライト、サファイア、ソーダライト、ラピスラズリ

フラワーエッセンス
ゲンチアナ（バッチ・フラワーレメディー）、ティ（ハワイアン レインフォレスト ナチュラルズ）

ホメオパシーのレメディー
ラピスラズリ、モルダバイト

●濃いブルーのアイラインやアイシャドーを使ってもいいですね。また、ムスカリ、リンドウ、ローズマリーなどの濃い青色のお花を飾りましょう。

7

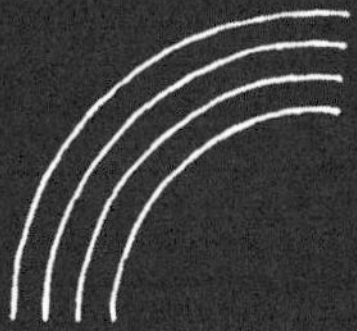

‘AKUA（神）

第7チャクラとは?

第7チャクラ(サハスラーラ・クラウン・王冠のチャクラ)
場所:頭頂のあたり
エネルギーの色:紫色、白色、金色、元素:なし、天体:土星

第7チャクラは、頭頂のあたりにあります。サンスクリット名「サハスラーラ」は千枚の蓮の花びらに例えられ、霊性と関連し、すべてのチャクラを調和させます。体と心と魂が統合され、万物と一体となる神聖な悟りの境地に達し、真に自分がどのように生きるべきかが分かります。

このチャクラが閉ざされていると、真の自分が分からず、目に見える数字、ステータス、お金が判断基準となるので物質主義に傾きます。

またすべてはひとつに繋がっているという意識がないので、自己中心的になります。肉体的には不眠、精神疾患、慢性疲労、霊的な影響などが考えられます。

第7チャクラのバランスがとれていると、自分が崇高な存在であるとともに、全体の一部であることが感覚で分かります。人生の目的を知り、自分の人生には何も無駄はなく、すべてを委ねていいのだと分かるので、平和で喜びに満ちた人生を送ることができるのです。

第1チャクラから順番に、第7チャクラまで覚醒すると、悟りの境地に達すると言われています。仏像や菩薩像の光背や、キリスト教絵画の聖人に描かれる光輪は、すべてのチャクラが覚醒した悟りの境地を表しています。

◎ポイント

第7チャクラのバランスをとって、新しい自分を発見しましょう！

ハワイの知恵　ＡＫＵＡ（アクア）「神」

ハワイには日本と同じように八百万の神々がいます。

ハワイアンは自然の中にたくさんの神々を見いだしました。生命の神、戦いの神、農業の神、海の神、大地の女神、フラの女神など、数えきれないほどの神々がいます。

ハワイ神話の中では、神々はわたしたちと同じように楽しんだり、喜んだり、怒ったり、嫉妬をしたりします。個性豊かなキャラクターの持ち主で、とても親しみを感じる存在です。


実際のところ、今でもハワイアンは神々の存在を信じています。

最も有名なのは、火山の女神ペレでしょう。

ハワイ島では火山活動が活発で、常に溶岩が流れ出ています。

２０１４年、ハワイ島東部パホアという小さな町に溶岩が流れ込み、町の一部を破壊しました。流れ続ける溶岩流を、人間が止めることはできません。ただ見ているしかできないのです。

ここはペレの土地であり、ペレが溶岩を流すというのなら、それは受け入れるしかないと語る人もいました。

ハワイアンは自然の計り知れない豊かさと荒々しさに、自分たちの力ではどうにもならない神の存在を感じとっていました。

それは自然とともに生きてきた日本人にも深く通じるところです。

◎ポイント
自然の中で生かされていることに感謝しましょう。

第7チャクラのバランスが崩れているときって？・・・モヤ玉がたまっている証拠！

第7チャクラが、どんなことに関係するのかイメージがつかめたでしょうか？
さあ、これからは、あなた自身の状態を見ていきましょう。

第7チャクラのバランスが崩れている状態は、あなたの中に、モヤモヤした気持ち・・・
つまりモヤ玉がたまっているとき。
まず、第7チャクラにモヤ玉がたまっていると、どんな気持ちになるのか知っておきましょう。

第7チャクラ　モヤ玉の特徴

・虚しい
・お金、数字、結果が全て
・スピリチュアルなことが大嫌い
・自己中心的
・自分で何でもできると思っている

では、次のページで、あなたのモヤ玉がどのぐらいたまっているのかチェックしてみましょう！

あなたのモヤ玉、チェック！

あなたの第7チャクラに、どのぐらいモヤ玉がたまっているのか調べてみましょう。
当てはまるものにチェックしてください。

第7チャクラ　モヤ玉チェック表

- □ 頭がぼおっとして決断できない
- □ いつも疲れていて、やる気がおきない
- □ 自分を十分に発揮できていないと思う
- □ 何でも自分でコントロールできると思う
- □ お金、ステータスが大切
- □ 人の影響や、霊的な影響を受けやすい
- □ 自分のことがよく分からない
- □ 仕事中毒

□ 人生に絶望している

□ 迷い、混乱し、決断できない

□ 物を買っても満たされない

□ よく眠れない、悪夢を見る。

結果

チェックの数

0～3レベル1 ・・・気になるモヤ玉を集中的にお掃除しましょう。

4～8レベル2 ・・・定期的にモヤ玉お掃除心がけましょう。

9～12レベル3 ・・・さあ、モヤ玉を大掃除しましょう。

いくつだったら良い、悪いというものではありません。今の自分の状態を知ることが大切です！
誰でもいくつか身に覚えのある項目があるものです。チェックするたびに、1つ増えた、減ったと、神経質になってはいけませんよ。
チェックが多ければ、今はこういう傾向があるんだな、と今の自分を客観的に知ることが大切なんです。

KEAIWA HEIAU

モヤ玉をお掃除すると、本来のピカピカのあなたが現れる！

前のページで、モヤ玉がどのぐらいたまっているのかをチェックしましたね。
さあ、それらのモヤ玉をお掃除したら、どんなにスッキリすることでしょう。
そう、そのスッキリした状態が、本来のあなたなんです。
お掃除したら、どんな自分になるのか知っておきましょう。

・ありのままの自分でいいのだと分かる
・平和で穏やかな気持ちになれる
・なりたい自分になれる
・すべてに感謝し貢献できる
・迷いなく、シンプルに生きられる

第7チャクラのバランスがとれていると、他のチャクラとの調和を保ちながら、自分の人生にまい進できるようになるんですね。

本当の幸せを感じましょう！

第7チャクラ　モヤ玉お掃除レシピ1

それでは、たまったモヤ玉をどんどんお掃除していきましょう！

面倒なことは続きませんから、暗記できるほど簡単なモヤ玉お掃除方法をご紹介します。

2 STEP アロマ

アロマの精油の中で代表的なものは、ラベンダーでしょう。

紫色の小さな花のつぼみを1粒指でつぶしてみると、驚くほど素晴らしい香りがします。

ラベンダーは昔からその香りで人々を魅了してきました。古代ギリシャ、古代エジプトの時代から、愛の証、空気の浄化、民間薬、防虫などに用いられてきました。

鎮静作用にすぐれ、心の安定をもたらしてくれます。

すべてのチャクラのバランスをとる虹のような役割をしてくれます。

虹のオーデコロン

○用意するもの

ラベンダー精油　6滴、フランキンセンス精油　4滴、無水エタノール10㎖、精製水5㎖、スプレー容器　1個

○作り方

Step1　スプレー容器に無水エタノールを入れてから、ラベンダー精油とフランキンセンス精油を加えてよく振り混ぜます。

Step2　精製水を加えてさらによく振り混ぜて出来上がり。

＊事前にパッチテストを行ってからお使いください。

お勧めレシピ

○喜びをもたらす・・・イランイラン　2滴＋ラベンダー　8滴

○気分をすっきりさせる・・・ラベンダー　6滴＋ローズマリー　4滴

○明るく前向きになる・・・オレンジスイート　4滴＋フランキンセンス　6滴

第7チャクラ　モヤ玉お掃除レシピ2

第7チャクラのバランスをとるには、何よりリラックスすることが大切です。

忙しい時やストレスを感じるときには、自分のために丁寧にお茶をいれて、ゆったり香りと味を楽しんでください。

一日の終わりや、夜眠れないときにもお勧めです。

心が緩むハーブティー

○用意するもの
乾燥カモミール、乾燥パッションフラワー、乾燥リンデンフラワー
＊量は一人、合計でティースプーン一杯です。

○ハーブティーの楽しみ方
Step1　ティーポットにハーブとお湯を入れて蓋をする。
Step2　3分ほど蒸らして、茶漉しを使ってカップに注ぐ。

お勧め！　ブレンド・ハーブティー

○安眠のハーブティー・・・ラベンダーが眠りを誘います。
ラベンダー＋ローズペタル（バラの花びら）

○リラックスのハーブティー・・・ホッと寛ぎたいときに。食べ過ぎた後にも。
カモミール＋ペパーミント

○リフレッシュのハーブティー・・・消化を助け、気分を変えたいときに。
レモングラス　＋　レモンバーム

第7チャクラ　モヤ玉お掃除レシピ3

自分へのマカナ（贈り物）・・・朝の儀式

パッとしない、調子が出ない、心も体もスッキリしない、自分を変えたい、運気を上げたい・・・。

そんなときに試してほしいのが、早起きです。

いつもよりも30分早く起きましょう。

起きたらすぐにカーテンを開けて太陽の光を入れます。

天候がよい時期なら窓を開けて風を通しましょう。

それは自分のために新しい一日をはじめるための儀式です。

そしてメールをチェックしたりテレビなどをつけたりせずに、ひとり静かに過ごしてください。

丁寧に白湯やお茶をいれたり、瞑想をしたり、日記を書いたり、散歩に行ったり、ヨガやラジオ体操をしたりするのもいいですね。

何をするのも自由ですが、自分のために作った特別な時間ですから、自分のために大切に使いましょう。

一週間続けてみると、少しずつ自分が変化していることに気づくはずです。

第7チャクラ　モヤ玉お掃除レシピ4

わたしたちは毎日、忙しさに追われて、つい目の前のことを処理するだけになりがちです。

忙しい人ほど、一日に一回、頭を休める時間を作りましょう。

いろいろな瞑想法がありますが、ここでは目をつむって呼吸を意識するという一番簡単な方法をご紹介します。

短い時間でいいので毎日の習慣にしましょう。

ＡＫＵＡと繋がる瞑想

①椅子に深く腰をかけ、目をつむり、鼻で呼吸をする。

②息を吐いて・・・、息を吸って・・・と、呼吸に意識を向ける。ほかのことが頭に浮かんでも放っておき、再び呼吸に意識を向ける。

③これでいいかな、と思ったら、ゆっくりと目を開けましょう。

＊最初は５分ぐらいから始めましょう。毎日１５分ぐらいできるといいですね。

＊最初のうちは、いろいろなことが頭に浮かんできて集中できませんが、次第に慣れますので諦めないでくださいね。

Hawaiian Healing　ハワイアン・ヒーリング

ハワイの家族には、それぞれアウマクアという神様がいて、いつもその家族を守ってくれています。

アウマクアは一族の祖先であり、家族一人ひとりをまるで孫子のように愛してくれる年長者のような存在です。マノ（サメ）、プエオ（フクロウ）、ホヌ（海亀）などのほかにも、トカゲ、ウナギ、ネズミ、岩、植物などさまざまなものに姿を変えて現れることもあります。

アウマクアは、家族の誰かが弱っているとき、危険が迫っているとき、困ったこと起きたときに、力を与え、助けてくれます。

また過ちを犯したときも、アウマクアはさまざまな方法で忠告します。例えば、カプ（タブー）を破ったときには、病気を与えて間違えに気づかせたりします。

アウマクアからのメッセージを受け取る方法もさまざまです。夢、ヴィジョン、直感、音、体の変調などです。

今でもハワイアンの家族はアウマクアを大切にしています。

代々、マノのネックレスを受け継いでいるという家族もあります。

現在でも、実際に海でおぼれたときにマノが助けてくれた話や、すぐに家に帰るようにプエオが鳴いて知らせてくれたという話が伝えられています。

ハワイアンは自分たちを守ってくれるアウマクアだけでなく、自分の仕事に関係する神々など、さまざまな神様に感謝し、祈りを捧げます。

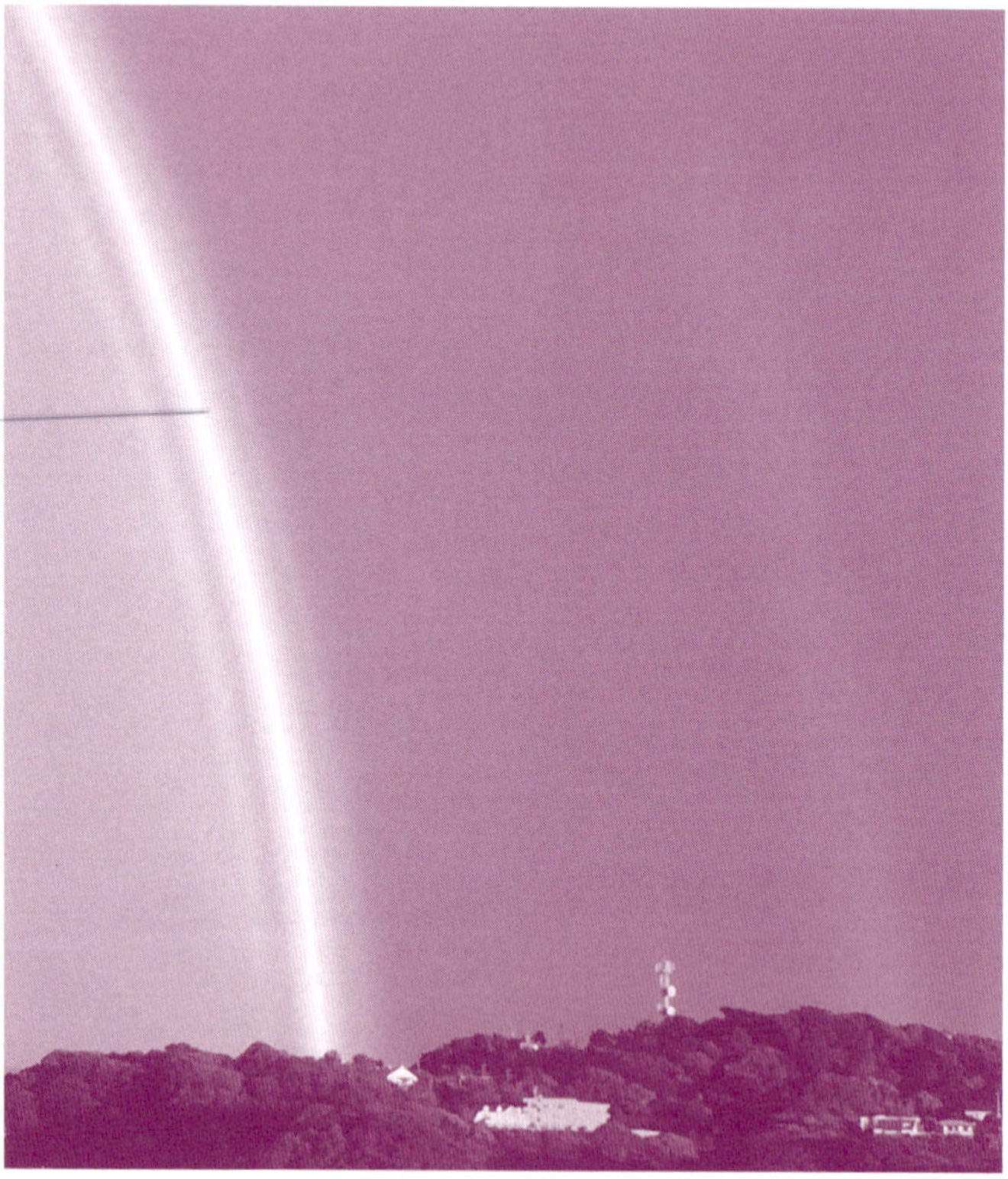

Wae aku i ka lani.

天に委ねましょう。

言葉のレメディー
アンティー・モコよりみなさんへ

自分だけの静かな時間を持ちましょう。

目をつむって大の字になって横たわり、何も考えないようにします。

何かをしていなくてはいけないという思い込みを手放しましょう。

ただ自分を感じるだけです。


ひっきりなしにおしゃべりをする頭を、意識的に休めましょう。

「これが終わったら、あれをやってしまおう」「すぐにメールを返信しよう」

そんな考えが浮かんできても、放っておきましょう。


考えることをやめて、魂と体を感じてください。

魂と体は絶対にウソをつきません。

「あ、そういえばずっと絵を描きたかった」

「肩が凝っている」「呼吸が浅くなっていたな」

「外に出て体を動かしたいな」

小さいけれど、ふっとそんな声が聞こえるかもしれません。

頭の中のおしゃべりが止まらないと、魂と体の声が聞こえないのです。

ときどき静かな時間をつくって、本当に自分が何を望んでいるのかに耳を傾けましょう。

朗らかでいること

大人女性のみなさん、いつも朗らかでいましょう。

みんなでいるときも、一人でいるときも、朗らかに過ごしましょう。

忙しいときほど、ピリピリのオーラを出さずに、明るく朗らかに笑うようにしましょう。

朗らかに笑うと、心にも体にもプラスになります。
呼吸が深くなり、リラックス効果があります。
ストレスホルモンは減少し、免疫はアップします。

そしてやっぱり笑っている人のところに、幸運の女神は微笑むのです。
笑っているとアンチエイジングにもなります。
眉間のしわよりも、笑いじわのほうが素敵です。
深刻に考えているときは、自分の枠に捕らわれているときです。
笑っているときは、どんどん枠を外しているとき。
大人女性は、大笑いしてもカッコイイのです。

第7チャクラお助けアイテム

アロマ
ジャスミン、フランキンセンス、ラベンダー、ローズ、ローズウッド

ハーブ
ラベンダー、ローズ

フード
紫色の野菜・果物（黒オリーブ、ナス、ブルーベリー、紫キャベツ、レーズン）

天然石
アメジスト、水晶、ダイヤモンド

フラワーエッセンス
クズ（ファー・イースト・フラワーエッセンス）、コアジサイ（ファー・イースト・フラワーエッセンス）、ワイルド・アザレア（ファー・イースト・フラワーエッセンス）

ホメオパシーのレメディー
アメジスト、レインボー

●紫、白、金色のイヤリングなどをつけてもいいですね。ラベンダーなどの紫色のお花や、ユリなどの白いお花を飾りましょう。

アンティー・モコの保護と浄化のお守り

アンティー・モコの保護と浄化のお守り

心のモヤ玉をお掃除しながら、どんどん夢を叶えていきましょう。

あなたが実現したい夢に関係するチャクラを選んでください。

その扉のページイラストを、スマートフォンや携帯で写真に撮り、待ち受けにしてください。

イラストを目にするたびに、あなたの夢を思い出しましょう。

あなたの夢が叶いますように！

○左のキーワードを参考にして、各チャクラの扉のページにあるイラストを写真に撮って待ち受けにしてください。

第1チャクラ・・・9ページ「モンステラの葉」

安心、健康、自信、自立、強さ、生命力、心の安定、親との関係を回復させる。


第2チャクラ・・・41ページ「うずまき」

恋愛、情熱、喜び、創造性、豊かさ、もっと個性を出す、収入アップ、パートナー運アップ。

第3チャクラ・・・73ページ「ホヌ（海亀）」

人間関係、勇気、仕事、他人ではなく自分を大切に、他人と協力、ストレスを癒す。

第4チャクラ・・・105ページ「プルメリアの花」

恋愛、自分を好きになる、充実感、信頼、調和、愛し愛されるようになる。

第5チャクラ・・・137ページ「ほら貝」

コミュニケーション、言いたいことをうまく表現する、本心を伝える。

第6チャクラ・・・169ページ「星」

直感、将来の見通し、想像力、迷わないで決断できる、ヒーラー、カリスマ性。

第7チャクラ・・・201ページ「虹」

神聖さ、平和、人生の目的、安らかな心、愛と感謝、ありのままの自分、人から好かれる。

スマートフォンや携帯電話で待ち受け画像を撮る方法

①スマートフォンや携帯電話のカメラを起動

②各章の扉のページにある、イラストを撮影する

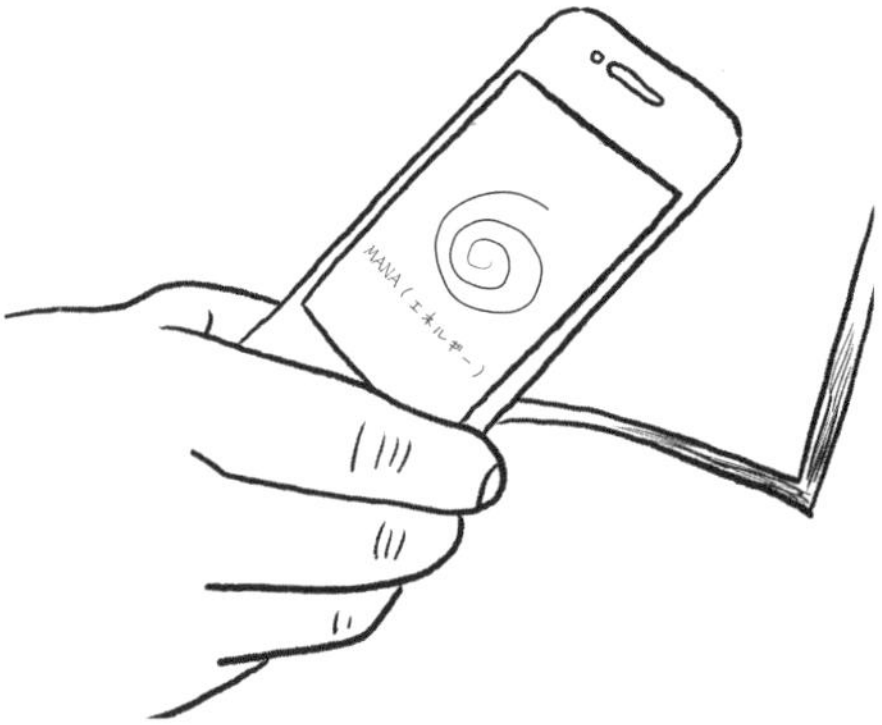

③写真を保存して待ち受けにする。

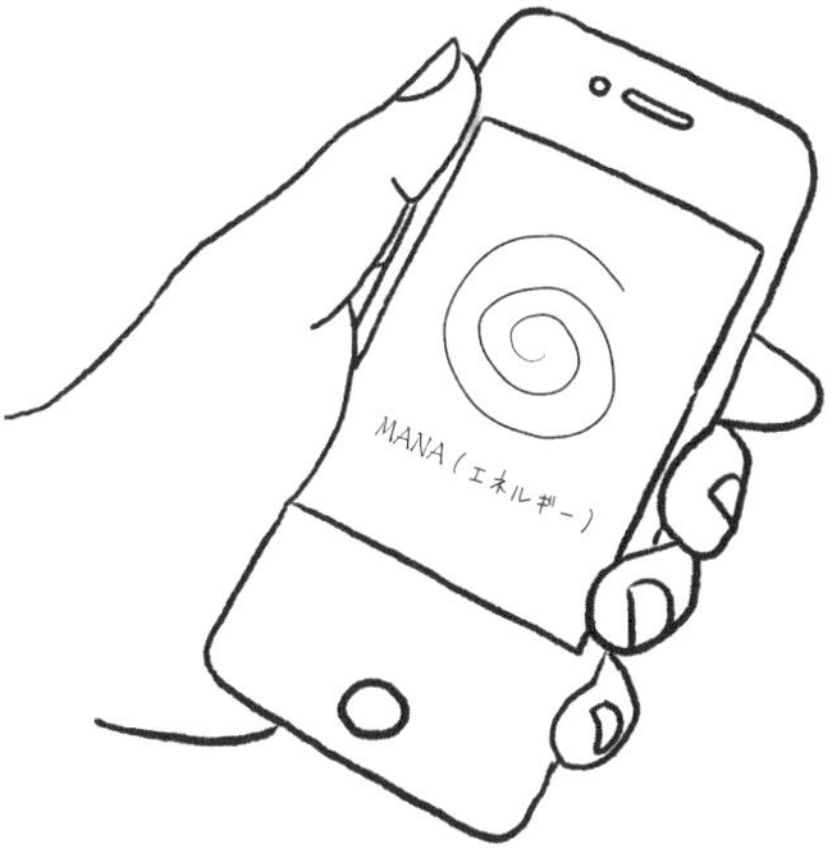

あとがき

本書をお読みくださり、ありがとうございます。

ハワイと自然療法に魅了されて30年。その素晴らしさを伝えたい、みなさんに簡単に楽しく実践していただいて、よりハッピーな人生を送ってほしい。その熱い思いはずっと変わりません。

これからも「一人ひとりがＡＬＯＨＡ（愛）とＰＯＮＯ（調和）であること、それが世の中の幸せにつながること」を実践し、伝えていきたいと思っています。

本書を書くにあたって多くの方々にご協力頂きました。ありがとうございました。

この企画を実現してくださった文踊社の平井幸二社長、素敵なイラストに仕上げてくださった池畠裕美さん、いつも笑顔でサポートしてくださった編集の山田直美さんに心から感謝を申し上げます。これからモコおばさんがどんな旅をするのか楽しみです。

いつも支えてくれる友人と家族に、そして何よりもハワイと偉大な自然に感謝します。

アロハを込めて。

２０１８年３月　新井朋子

新井朋子

文筆家・ハワイ神話研究家・自然療法家。ハワイ神話、ハーブ＆アロマ、ホメオパシー、フラワーエッセンス、コーチングに精通。30年培ったハワイと自然療法の知識を活かして、心と体を癒す独自の「ALOHA & PONO ホリスティック・ケア」「ALOHA コーチング・メソッド」を開発。著作、講演、セミナー、個人セッションを行っている。ハワイアン レインフォレスト ナチュラルズ フラワーエッセンス日本総輸入元。著書『ハワイの神話 モオレロ・カヒコ』１＆２、『ハワイの女神～ペレとヒイアカの旅』、訳書『マナ・カード ハワイの英知の力』『ペレ ハワイの火山の女神』など多数。

日本ホメオパシー医学協会・Homeopathic Medical Association UK 認定ホメオパス

日本アロマ環境協会認定インストラクター・アロマブレンドデザイナー

お問い合わせ先　info@araitomoko.com

新井朋子 公式サイト（大人女性向け毎日ブログ更新中）

http://araitomoko.com/

参考文献

「アロマテラピー図鑑」佐々木薫監修／主婦の友社、「カルペパーハーブ事典」ニコラス・カルペパー著／パンローリング㈱、「スピリチュアルアロマテラピー事典」柏原茜・登石麻恭子著／河出書房新社、「聖なる香りサトル・アロマセラピー」パトリシア・デービス著／ノーベル書房、「チャクラ初心者のため」アレクサンダー・ヤンツァー著／Amazon Service International, Inc.、「チャクラヒーリング」リズ・シンプソン著／産調出版、「ÔLELO NO'EAU」Mary Kawena Pukui 著／BISHOP MUSEUM PRESS、「NĀNĀ I KE KUMU」Mary Kawena Pukui 他著／Hui Hānai

アンティー・モコ　心のモヤ玉～大掃除！

二〇一八年四月三十日　第一刷発行

著　　者　新井 朋子
イラスト　池畠 裕美
印刷・製本　図書印刷株式会社
発 行 人　平井 幸二
発 売 元　株式会社文踊社
〒二二〇－〇〇一一　神奈川県横浜市西区高島二－三－二十一　ＡＢＥビル四Ｆ
ＴＥＬ　〇四五－四五〇－六〇一一
ISBN978-4-904076-69-9　価格はカバーに表示してあります。